ACCELERATE

BUILDING STRATEGIC AGILITY FOR
FASTER-MOVING WORLD

变革加速器

构建灵活的战略
以适应快速变化的世界

[美] 约翰 P. 科特（John P. Kotter）◎著
徐中◎译

机械工业出版社
CHINA MACHINE PRESS

图书在版编目（CIP）数据

变革加速器：构建灵活的战略以适应快速变化的世界 /（美）科特（Kotter，J. P.）著；徐中译．—北京：机械工业出版社，2016.3（2023.2 重印）

书名原文：Accelerate：Building Strategic Agility for Faster-Moving World

ISBN 978-7-111-53339-9

I. 变… II. ① 科… ② 徐… III. 企业经营管理 – 研究 IV. F270

中国版本图书馆 CIP 数据核字（2016）第 063231 号

北京市版权局著作权合同登记 图字：01-2015-8164 号。

变革加速器：构建灵活的战略以适应快速变化的世界

出版发行：机械工业出版社（北京市西城区百万庄大街 22 号 邮政编码：100037）

责任编辑：方 琳

责任校对：殷 虹

印　　刷：涿州市般润文化传播有限公司印刷

版　　次：2023 年 2 月第 1 版第 2 次印刷

开　　本：147mm × 210mm 1/32

印　　张：6.125

书　　号：ISBN 978-7-111-53339-9

定　　价：59.00 元

客服电话：（010）88361066 68326294

译者序
THE TRANSLATOR'S WORDS

构建创业敏捷与运营高效的"双元驱动组织"
抓住机会引领变革

进入21世纪，变革日渐加速。继摩托罗拉、诺基亚、柯达、索尼等之后，GE、IBM、宝洁、雅虎、联想等一批世界级领军企业相继陷入严重困境，越来越多的成功企业在指数级变化的移动互联网时代受到了前所未有的严峻挑战。2023年2月，短短两月便收获了1亿多名用户的人工智能聊天机器人ChatGPT再次引爆商业界和科技界，甚至有人预测它可能颠覆谷歌的搜索、改变教育行业和替代大部分从事简单重复工作的知识工作者。

最近50年科技创新带来的层出不穷的变化，应验了达尔文的那句名言：能够长期生存的物种不是最强壮的，也不是最有智慧的，而是最能适应变化的。今天，科技创新的速度和范围已经让传统公司的方法论完全过时了。3D 打印的成本在过去的 7 年里已经下降到最初的 1/400，工业机器人现在的成本只是 5 年前的 1/23。无人机的价格是 2010 年的 1/143，人体基因排序只需花费 2009 年时的万分之一。

在创新驱动的未来世界，机会垂青有准备的人！你是守株待兔地等待机会、闻风而动地捕捉机会，还是见微知著地预见机会，以及如何及时而敏捷地采取十倍速的组织行为，将决定领导者和组织的前途命运！尤其是在人工智能和元宇宙的新时代。

哈佛变革大师约翰·科特教授经过 40 多年的深入研究，在本书中开宗明义地提出：**我们正在穿越一条边界，进入一个充满难以预测的混乱和指数级变化的世界，我们对此尚未做好准备。**

领导变革是领导者最重要的工作。科特教授 1974 年开始研究领导力与组织绩效，1990 年出版了《变革的力量》，1996 年出版了影响全球的《领导变革》，后来陆续出版了《变革之心》《紧迫感》等。其中，《领导变革》在《哈佛商业评论》发表的同名文章成为历史上重印次数最多的文章，“领导变革八步法”成为全球组织变革的黄金标准。这本《变化加速器》则从建设敏捷组织的角度，提出了如何在难以预测和指数级变化的世界赢得胜利的强大组织新模式：在既有的高效的金字塔层级组织基础之上，建立一个并行的敏捷网络组织，形成所谓的“双元驱动组织”。这个双元驱动组织既能够敏捷应对当今世界急速出现的战略性挑战，又能高效完成既定的业绩目标。

科特教授从创业公司的成长历程中发现了组织活力之源，一个组织就像一个人一样会从充满好奇、创意无限的青少年演变为小富即安、暮气沉沉的老年人，因此，他为成熟的大型组织开出了建设“**双元驱动组织**”的妙方，为组织注入创业精神，激发大多数人的主动性、参与感、创造力，帮助组织克服大企业病。其核心问题是：任何一家走过**创业阶段**的公司都在努力**提高效率**，而不是**战略敏捷能力**。领导者发现，**跨部门沟通难以快速和高效地进行**。同样，**信息难以自上而下和自下而上地流畅传递，结果是：组织停滞了**！

战略敏捷能力是指企业能够快速而安全地利用机会，同时减小威胁和风险的能力。

事实上，所有成功的组织都经历过非常相似的生命周期。在组织刚刚创建的时候，组织像一个由太阳、行星、月亮以及卫星组成的网络。创始人处于中心位置，其他人各自以主人翁状态在各个节点上自转。所谓的行动，即是在一个共同愿景之下，大家志同道合、积极主动、寻找机会、勇担风险、群策群力、敏捷行动。

但随着成长，组织发展成为一个金字塔形的高度层级化和由管理流程驱动的组织：**计划、预算、工作目标、人事安排、业绩考核和问题解决**。拥有高度结构化的层级和卓越的管理流程，这个日益成熟的组织将会日复一日、年复一年产生出令人难以置信的既可靠又高效的产品，但注意力会过度关注内部细节，忽略了客户和市场的变化，从而失去了应变的动力、活力和能力。

50 年来，人们一直在撰写文章讨论如何释放人的潜能和激情，把人的精力用在解决重大业务的挑战方面。但是，除了创业公司，有多少公司取得了成功呢？很少！因为人们工作在一个专注完成当天工作的运营组织之中，**这个组织要求人们安静、按部就班、重复每天的工作。**

在《金融时报》和一家咨询公司对企业经理人和高管的调查之中，90% 的调查者回复：**在未来五年，敏捷性和响应速度将变得越来越重要。**当被问到在未来 15 年你将从哪些方面提升组织竞争优势的时候，排在第一位的答案是：**快速响应环境变化的能力。**

仅仅通过传统的方法，或者为原有的层级组织增加变革措施，情况不会得到根本性改善。**这就像是在一头大象身上安装火箭发动机来加快它的奔跑。**

双元驱动组织更多的是用来领导战略性变革活动，以把握重大的机会或避免重大的威胁，而不是用于强化管理的。

双元驱动组织的基本结构是：一边是层级组织，另一边是网络组织。网络组织模仿了成功企业在初创阶段的结构。在这个阶段，企业的组织结构图中还没有出现明确的汇报关系，企业也没有正式的工作描述和职位层级。这个结构看起来就像一个不断演化的太阳系，太阳是其中的引导机制，行星是战略性变革活动，月亮或卫星则像战略性变革子项目。

基于过去20多年在“领导变革八步法”的深入实践和研究，科特提出了组织加速变革的“八个加速器”：

1. 围绕重大机会增强紧迫感。
2. 组建和完善领导团队。
3. 设计变革愿景与战略性活动。
4. 征召志愿者。
5. 排除障碍，促进行动。
6. 创造短期胜利。
7. 维持加速。
8. 变革的制度化。

此外，科特再次强调了变革成功的关键是人心、是大多数人的主动参与，因此，领导力在组织变革中居于核心地位。

管理是通过一组众所周知的流程，帮助组织产出可靠、有效以及可预见的结果。良好的管理，能帮助我们做好我们已知如何去做的事情，不管企业的规模、复杂性和地理分布范围如何。这些流程包括**计划、预算、结构组织、人员配置，制定政策和流程，衡量员工业绩，并在没有达成计划目标时进行问题分析与解决。**

但是，**领导不是管理。**

领导是设定方向，创建愿景，并通过有效的战略激励人们满怀激情、行动迅速地去奋斗。领导最基本的含义是动员人们追求更加美好的未来。不管是过去还是现在，领导力都与变革紧密相连。领导力不是动员人们按他们习以为常的方式行动。**领导力是变革人们和组织，带领他们迈向一个新的、更美好的未来，克服面临的各种威胁或障碍。**

在今天的组织中，**领导力是动员人们创造前所未有的新事物的核心力量。**也就是说，领导力意味着开创新的事业。领导力意味着在把握现有事业的基础上，不断发现新的机会，带领企业获得新的增长和繁荣。

关于组织战略的变化，科特认为：今天，战略在很多组织里被看作是动态力量，不再受战略规划部门指导，并以一年为规划周期。战略是这样一种力量：**它不断寻找机会，识别把握机会需要采取的行动，并快速有效地完成这些行动。**我把这股力量看作是**寻找、行动、学习、调整的持续过程。**在一个快速变化、动荡不停的世界中，数字信息会变得更加流动、更加模糊。**战略变革需要组织中大多数人的眼睛、耳朵和心灵的参与，而不是有限的几位高管的参与。**这正是双元驱动组织可以实现的。

此外，需要补充的一点是，大企业利用和创造新机会的内部创业，也是另外一种“双元驱动组织”，这种内部创业网络团队可以从兼职发展成专职，进而发展成独立的业务单元或公司，让大企业持续保持创新创业的活力。

“不忘初心，方得始终”。在剧变的新时代，组织从优秀到卓越和基业长青越来越难，组织的生命周期、产品的生命周期、创新的生命周期都越来越短，组织唯有创建一个充满活力的组织环境，持续激发生生不息的创意、创新和创业，才能永葆青春、引领潮流。

最后，感谢机械工业出版社编辑的策划和督导，使得本书顺利完成。感谢胡金枫女士在本书部分初译过程中做出的贡献。

由于译者水平有限，错误在所难免，敬请读者批评指正。

徐中博士

领越®领导力 Master Facilitator

智学明德国际领导力中心创始人

2023 年 2 月于清华大学科技园学研大厦

前言

PREFACE

我们正在穿越一条边界，进入一个充满难以预测的混乱和指数级变化的世界，我们对此尚未做好准备。在本书中，我想说的是，一些先行者在这个新兴的世界里取得了成功，甚至是巨大的成功。

《变革加速器》告诉我们如何利用今天瞬间开启和关闭的机会之窗，敏捷而创造性地迅速应对战略性的挑战。同时，它向我们展示了那些变革型组织的领导如何在激烈的竞争中脱颖而出，应对那些难以预测的混乱，以及持续的技术变革带来的威胁，并且在这个过程中不会损失短期绩效，也不会使员工精疲力竭。

我在这本书中呈现的只是一些基本结论。这个世界正在加速变化，组织在过去的一个多世纪里形成的基本体系、组织结构和文化已经不能适应新世界的需求。

解决方案不是完全抛弃原有组织系统，而是增加一个新的、有机的第二组织系统——一个成功的创业家熟悉的组织系统。两个系统合二为一，形成一个双元驱动组织，这个新的组织系统既包含了原有系统持续运营的可靠性和有效性，又增加了新的网络组织的敏捷和速度。实际上，所有成熟的组织都曾经历，对此是非常熟悉的。我们发现，有一种方法可以创建这种双元驱动组织，而且可以以较低的成本实现，其效果立竿见影。我已经看见很多组织获得了成功。

这个项目基于我早先对于组织大规模变革的研究：我的工作得到了我执教数十年的哈佛商学院的资助。那个研究报告的成果和后续成果陆续出现在我 1996 年出版的《领导变革》一书中，并且出现在 2002 年的《变革之心》，2006 年的《冰山在融化》，2008 年的《紧迫感》以及 2010 年的《认同》等多部著作之中。同时，这项工作也源自我 1974 年对领导力的研究，这个项目最重要的成果体现在 1990 年出版的《变革的力量：领导为何不同于管理》一书中。我经常惊讶于这些保留下来的研究结论是如此的雄辩有力，虽然商业领导人面临的世界已经发生如此巨大的改变，但这项研究结论依然具有指导价值。我在这本书中引入了我早期的研究结论。新的现实并不意味着过去的结论都不再有效。它更像是对早期结论的拓展，给我们带来了更广阔的视角。

迄今为止，我过去数十年的工作和研究，都使用了同样的研究方法。首先找出业绩最高的 10% ~ 20% 的领导者，观察他们的行为，访谈与他们一起工作的人；然后，对处于业绩中等水平的领导者和处于业绩最低等级的领导者做同样的研究，找出那些导致业绩差异的模式，最终把这些模式整理成研究报告。当然，报告重点要提出领导者可以改变的方法——让处于中等业绩水平的领导者提升到最高等级，让最低等级的领导者提升到中等水平。

这项工作是我在职业生涯中首次尝试以两种不同方式提供一个呈现的模式。当看到那些真正想突破这个重围的人，我才开始了这个项目。只有最领先的 1% 的领导者通过新的双元组织驱动方式取得了非凡的成功。同时，我还看到一些人（通常是在科特国际顾问公司的帮助下）尽最大努力尝试用他们自己的方式在各自组织中复制这个项目。这种转换在某种程度上感觉更像是一家医药公司从只有基础研究转换到基础研究加上产品研发，再加上临床试验。

《变革加速器》是为那些愿意并且能够看到如今商业大环境中严峻的挑战的领导者准备的，他们深知大胆变革的必要性，并且已经在开辟前进道路的旅程中。我希望成功的先行者的案例能够坚定你的变革决心，给予你走向远方的信心，激发你采取必要的行动。在我看来，要想建立既能赢得今天，又能赢得将来的组织，变革的需求会越来越多。要建立繁荣昌盛的经济来帮助生活在这个星球上的数亿的人拥有一个更好的、更繁荣的生活空间，我们需要做得更多。

这项成果已经获得科特国际的资金支持。在科特国际，我作为研究中心的主任，服务和帮助那些按照我书中所写的内容去践行的先行者。哈佛大学将继续提供支持，不仅仅是通过资金，更多的是通过来自商学院的同学和教授的评论来给予支持。

这项工作一如既往的得到了很多朋友的大力支持。其中包括：来自科特国际中心的 Dennis Goin、Randy Ottinger，来自哈佛商学院出版社的 Amy Bernstein、Jeff Kehoe。

目录
CONTENTS

第 1 章

层级组织在快速变化的世界中的局限

ACCELERATE

BUILDING STRATEGIC AGILITY FOR FASTER-MOVING WORLD

这是一本与开创者探讨开拓主题的书。

我在这里谈论的是对于商业游戏规则变化的观察：几乎所有的组织都在努力跟上变革加速的步伐，更不必说领先者了。

但是，大多数的人并没有意识到周遭环境的快速变化，这是问题的关键。客观数据最有说服力，从每一个重要的商业指标来看，这个世界都在快速前进（见图 1-1 ~ 图 1-4）。金融、社会、环境以及政治等风险都在以一种指数级的方式快速变化。

在这个全新的世界，所有的企业领导人面临的最大挑战就是如何在不断增加的混乱和漩涡中保持企业竞争力和利润增长。最根本的问题是，任何一家走过创业阶段的公司都在更多地提高效率，而不是战略敏捷能力。**战略敏捷能力是指企业能够快速而安全地利用机会，同时减小威胁和风险的能力**。我可以向大家给出上百个公司的例子，比如 Borders 和 RIM，它们认识到了战略转型的需求，但是并没有足够快速且协同一致的行动，最终只能坐以待毙，被聪明的竞争对手打败。这些例子大都是企业突然面临现实挑战或者重大机遇，它们努力尝试利用过去成功的组织结构、流程和方法来应对变化，最终大多以失败告终。

当企业被迫思考战略的时候，它们很少考虑战略的基本问题。如今，任何一家不经常重思未来方向（或者是面对环境的变化不做出调整），并且快速采取必要的运营变革的企业，都将把自身置于极度的危险之中。这是一个快速变化的世界带给我们的启示。

我们不能低估一家日常运营正常的企业，它们的传统层级管理和流程依然做得很好。它们的真正问题是在这个快速变化的世界，不能够及时捕捉商机的苗头，不能快速地形成创新的战略方案，不能快速地执行新的战略方案。

年度专利申请数量（单位：千）

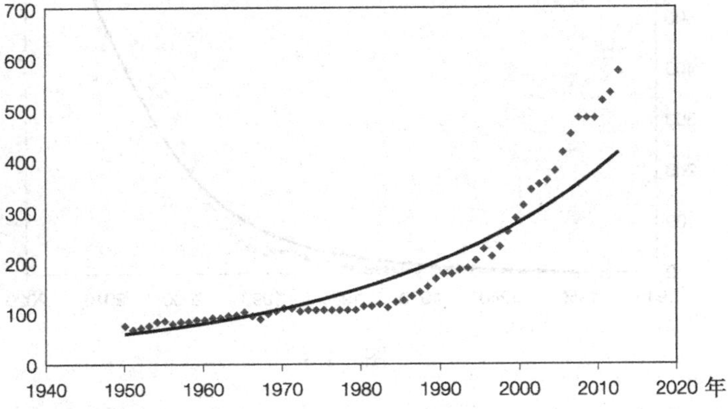

图　1-1

硬盘存储增长（GB）

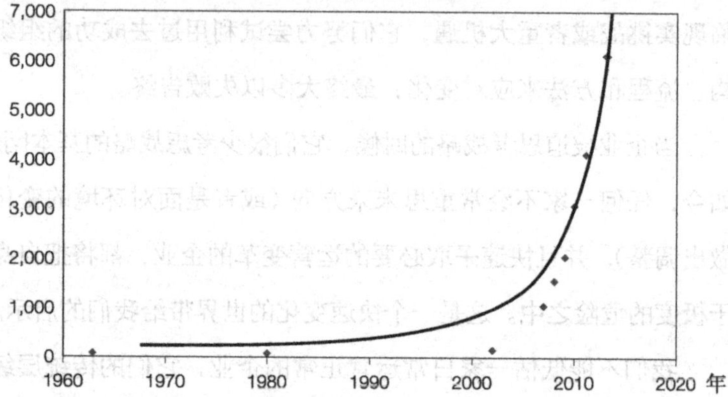

图 1-2

纽约股票每年交易量（单位：10 亿美元）

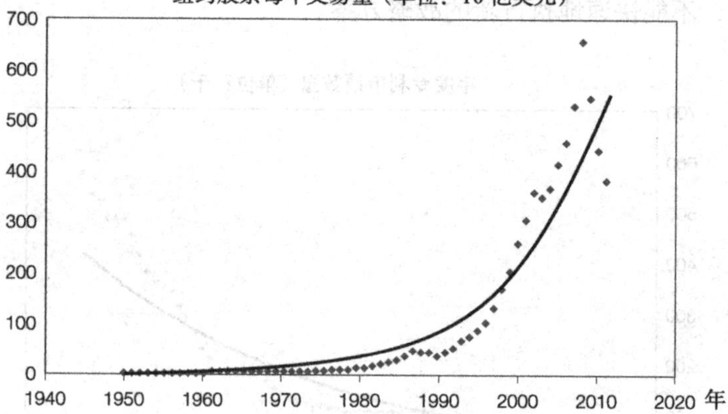

图 1-3

变化率

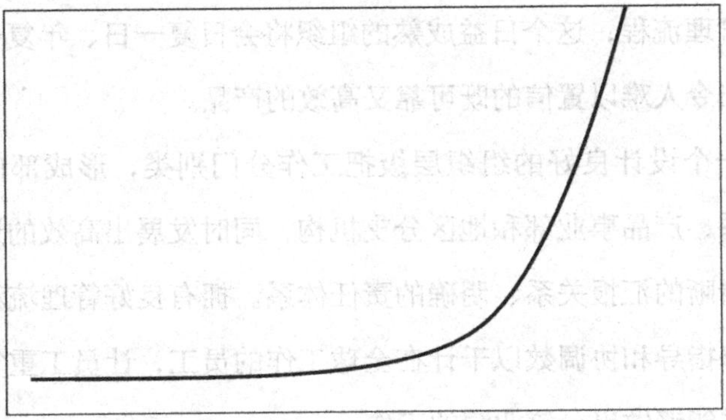

图　1-4

1.1　从网络组织到层级组织

事实上，所有成功的组织都经历了一个非常相似的生命周期。在开始的时候，组织类似于一个网络结构，像一个由太阳、行星、月亮以及卫星组成的系统。创始人处于中心位置，其他人各自以主人翁状态在各个节点上自转。所谓的行动，即是在一个共同愿景之下，大家一起寻找机会，勇于承担风险，自我激励，敏捷行动。

随着时间流逝，一个成功的组织经过一系列的发展阶段（稍后将详细介绍，因为它非常重要），成为一个高度层级化和人所共知的管理流程驱动的企业：计划、预算、工作定义、人事安排、工作量化和问题解决。拥有一个高度结构化的层级组织和卓越的管理流程，这个日益成熟的组织将会日复一日、年复一年地产生出令人难以置信的既可靠又高效的产品。

一个设计良好的组织层级把工作分门别类，形成部门结构和关系、产品事业部和地区分支机构，同时发展出高效的运作流程、清晰的汇报关系、明确的责任体系。拥有良好管理流程的企业能够指导和协调数以千计在全球工作的员工，让员工重复他们熟悉并能够做出一流业绩的工作。

这就是我们经常嘲笑的源于工业时代的金字塔型官僚机构的产物，它们并不适合应对 21 世纪的挑战。有人说，我们应该扔掉它们，砸碎它们，重新开始，像蜘蛛网那样去组织，消除中间层级，让员工自我管理。然而，事实却是那些成就优秀企业的组织层级与管理流程，是 20 世纪最让人震惊的创新变革成果之一，它们仍然是组织高效运作的基础。

让人眼前一亮的是，在某种程度上，它们可以被改善来应对变革，而不是像之前一样仅仅重复运营。我们已经掌握如何在层级组织内开启创新方案，以应对风险和提高绩效。我们知道如何识别新问题，在动态市场中找到和分析数据，为我们发动的变革设计商业案例。我们已经知道如何通过增强团队力量、项目管理部门和实施支持力量来推动变革。我们可以一边精心运营日常工作，一边推动基于机会的变革，因为这些战略变革方法论容易融入层级组织和基本的管理流程。这是世界各地的组织领导人经常做的工作。

10 多年来，我看过的每一份关于高管的调查报告显示，他们正在推动比以往更多的战略性创新措施。以往，高明的领导者总是在努力提高生产率，但现在他们更多的是在努力推动创新。当历史形成的组织文化减缓了组织的行动，焦急的领导者会努力地改变这种文化。他们的目标是加速盈利的增长，走在竞争的前列。

但这些调查又都显示，通过这些创新举措赢得成功常常是一种幻觉。例如，最近在彭尼百货公司的创新举措，让我们看到了它充满希望的前景，但仅仅是几个月的时间。随后，各种各样的战略性举措都一一失败。

1.2　管理驱动的层级组织的局限

这类失败案例比比皆是。

对于深受信任而领导创新举措的领导团队来说，他们一次次回到原点。组织的局限限制了他们。

领导者们发现，跨部门沟通难以快速和高效进行。同样，信息自上而下，以及自下而上传递都很困难，结果是：组织停滞了！

领导者发现，政策、规则、程序，甚至是那些明白人，都变成了战略执行的障碍。这些障碍随着时间而无可避免地增长，影响战略执行的成本和质量。然而，在这个快速变化的世界里，在最低程度上，这些障碍相互作用，相互影响——即使不是铁板一块。

领导者发现聚焦每个季度的业绩报表与关注长远竞争领先优势之间存在冲突。在一个讨论增强创新能力的重大项目和一个清除工厂的火灾事故的会议当中，你认为哪个话题会成为会议中心呢？长期积累的思维习惯削弱了组织的创新能力，让创新停滞或者消失。

部分原因是政治性和社会性的：人们常常不愿意在缺乏上级支持的情况下去捕捉机会。部分是源于人性：人们习惯旧有思维，害怕承担风险，失去权力和声誉。

自满、缺乏认同、过去成功的产品，都会让情况变得复杂。只要有一点自满，人们就不愿意接受新东西，想方设法抵制改变。缺乏足够的认同的人认为企业需要一些新的东西，但不是高层提出的战略性创新措施。这两种态度都会阻碍变革的加速，如图 1-5 所示。

简单地责备别人很容易：这些人可能是患有控制癖的中层管理者，或者是以自我为中心的获得 MBA 的经理人员。然而，事实上这些问题是系统性的，直接与层级组织的局限和基本的管理流程相关。

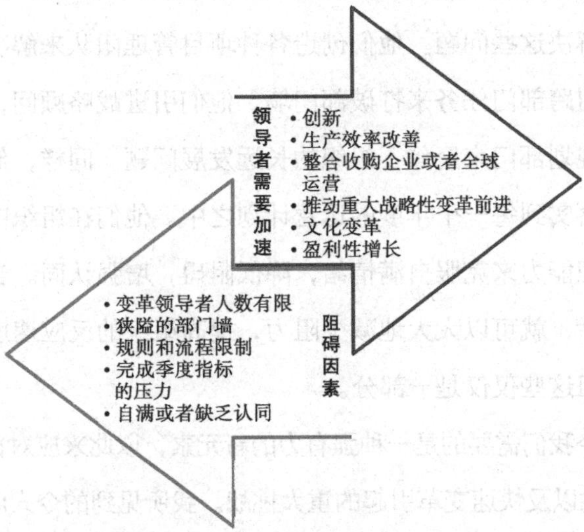

图 1-5　变革加速器停止运行

部门墙是层级组织固有的一部分。它们可能由薄薄的墙隔开各个部门，领导者努力去降低它们的负面影响，但是不能完全消除。因此，对于规则和程序：我们可以减少它们，但我们总是需要一些。类似的问题层出不穷。你可以减少组织层级，但不能消除组织层级。你可以告诉人们不要忽略长期利益，但却不能消除他们一心投入完成季度目标。这些或者其他的因素也都是层级组织固有的一部分，可以预见的是，它们最终都会成为在快速变化的世界里提高战略敏捷度，以及战略执行力的载体。

优秀的领导洞悉上述问题，如果问题变得严重，他们将想方设法解决这些问题。他们创造各种项目管理团队来解决具体项目，运用跨部门任务来打破部门墙。他们引进战略顾问，或者组建战略规划部门来聚焦于组织的长远发展问题。同样，他们把战略规划落实到每一个年度的运营计划之中。他们在组织中构建起变革管理能力来克服自满情绪，降低阻碍，增强认同。当这些都做好之后，就可以大大地减少阻力，提高组织的反应速度和灵敏性——但这些仅仅是一部分。

如今我们需要的是一种强有力的新元素，以此来应对日益增加的复杂性以及快速变革引起的重大挑战。我所见到的令人欣喜的解决方案，就是网络状的第二组织系统——比起一个成熟的金字塔组织，它更像是一个刚刚启动的太阳系，具有灵敏性和快速运行的特点。它是成熟组织的一种强有力的互补，而不是为组织增加负担，目的是最大化地释放组织的潜能。它使得组织的运行更加高效，同时加速战略变革。这不是一个二选一的问题，而是两者融合：两个组织系统协同运行，也就是一个双元驱动组织运行体系。

1.3 一个新的组织发展方向

让我来说明一下。我不是在谈论跨部门任务团队，匹配新模式的新的战略性团队、创新委员会、自组织团队，以及赋予人们一起从事创造性项目的时间的政策。这些或许可以促进任务在正确的方向前进，但它们只是在原有系统内发挥作用。我谈论的是一个更大、更新的想法，是一个根植在我们曾经熟悉的组织结构、行为和思维之中的想法。

因为需要敏捷、迅速和创新，大多数初创公司是网络组织。即使在成熟的组织中，承担变革重任的非正式网状团队经常需要更加快速地反应和行动。我这里讨论的是对近些年最重要的管理思想的呼应：战略大师迈克尔·波特一再强调今天的组织更加需要清晰和频繁的关注战略，克里斯坦森告诫组织如何应对快速变化的世界中技术的不连续带来的新挑战，以及最近由诺贝尔奖得主丹尼尔·卡尼曼提出的人的大脑是一个由情感系统和理智系统构成的协同运作的系统。

在新的网络组织中运行的流程看起来不像系统化的管理（使得系统可靠和高效），更像是动员型领导（带来速度和敏捷）。这些流程拓展了我在 15 年前出版的《领导变革》一书中变革的八个步骤的模型。一个双元驱动组织中的新的网状组织部分融入这八个步骤，增强了它们的威力。它促使更多的人成为变革积极分子，让变革加速，通过建立更强有力的战略紧迫感，而不仅仅是一个建立在重大机会基础上的总体性的紧迫感。在开始启动应对一个具体的战略性挑战之后，这些流程就自动运行，不会停止。

它们成为组织内在的变革加速器，在组织中建立和维持一个敏捷、快速的文化。

我在本书中描述的组织方法，是一些开创性组织已经采用和取得成功的方法，这些方法解决了困惑它们数十年的问题。

过去20多年，人们一直在谈组织需要越来越多的领导者。因为在一个动荡的商业世界，仅仅依靠高层的少数领导者已经远远不能应对商业的挑战。但是，传统层级组织提供给领导者培养所需的信息和经历的工作太少。例如，现有的领导力课程，显然不能够满足领导者培养的需要，因为领导者需要的复杂视角和能力主要来自于岗位锻炼，而非课堂书本。

在过去几十年，“创新”这个词汇以指数级增长出现在各种报告和对话之中。但是，你知道有多少个组织拥有了创新的金融部门、供应链系统、IT部门？我们批评经理人员迟钝和短视，但环视他们工作的层级组织，他们又能做些什么呢？拥有强大的管理流程和优秀高层领导者的层级组织没有建立起实现跨越式迈进创新未来的机制。创新需要冒险，需要人们愿意跳出思维的框框，开放式地从多个角度思考。管理驱动的层级组织是为了最小化风险，让人们各就各位，不越雷池一步。改变这个状态有点像死马当作活马医。

50年来，人们一直在撰写文章讨论释放人的潜能和激情，把人的精力用在解决重大业务挑战方面。但是，除了新创公司，有多少公司取得了成功呢？很少！因为人们工作在一个专注完成今天工作的组织层级之中，这个组织要求人们安静、按部就班、重复每天的工作。

人们抱怨战略咨询公司很多年了，说它们的咨询报告在这个快速变化的竞争环境中常常没有用处。一个咨询报告更多是理性思考的结果，缺乏心的连接。出自聪明的外部人对组织未来 5 ~ 10 年的预测报告，再加上由一群层级组织局限的线性思维的经理人员来实施，就更难在一个快速变化和难以预测的商业世界中赢得领先的成功。

最根本的问题是：至少有 20 多年，人们一直在研究和撰文讨论业务发展的速度，以及如何让组织更加敏捷和迅速响应。最近，这个呼声越来越高。在《金融时报》和一家咨询公司针对企业经理人员和高管的调查之中，90% 的调查者回复：在未来 5 年，敏捷性和响应速度将变得越来越重要。当被问到在未来 15 年你将从哪些方面提升组织竞争优势的时候，排在第一位的答案是：快速响应环境变化的能力。但现实是，除了一些初创高科技公司，有哪些公司能够真正变得敏捷和迅速呢？仅仅通过传统的方法，或者为原有的层级组织增加变革措施，情况不会得到根本性改善。这就像是在一头大象身上安装火箭发动机来加快它的奔跑。这可能吗？

1.4 未来怎么办

接下来的一章，我将描述一个真实的双元驱动组织的具体特征，它包括层级－网络结构、核心运行法则、八个加速器，以及让组织高效运行的人。在第3章，我将介绍一个公司在快速变化的商业世界里如何与利益相关者建立联盟，使自己比大多数公司发展得更好。在第4章，我们将探讨为什么现有的最佳管理实践不能应对快速变化的商业世界带来的风险和挑战。在第5章，我们分析一个创建双元驱动组织并取得惊人业绩的公司案例。在第6～8章，我们深入探讨一个公司如何创建双元驱动组织运行体系。

我在本书中描绘的组织取得的卓越成就是真实的——我不仅听说，而且亲自看见和研究。今天，取得这些卓越成就的先行者数量还比较少，但它们对于我们理解打造双元驱动组织的可能性和方法步骤很有帮助。对于我们来说，它们的成功之道是我们前进的路线图。我们有很多需要向它们学习的地方，现在，我们就开始吧！

第2章

以双元驱动组织敏捷把握新机会

ACCELERATE

BUILDING STRATEGIC AGILITY FOR FASTER-MOVING WORLD

似乎每周都有人提出新的管理工具来帮助企业寻找竞争优势或应对21世纪的新要求。双元驱动组织与它们有何不同呢？可以从两方面来回答。首先，双元驱动组织更多的是用来领导战略性变革活动，以把握重大的机会或避免重大的威胁，而不是用于强化管理。其次，尽管双元驱动组织是一个新的概念，但这种方式其实已经在我们司空见惯的情景中潜藏多年。几乎所有成功的组织在其生命周期的初期发展阶段，都是按照这种方式运作的。只是它们在当时并不理解这一方式，而在它们进入成熟阶段后又没有维持这种方式。

2.1 双元驱动组织的结构

双元驱动组织的基本结构是：一边是层级组织，另一边是网络组织。网络组织模仿了成功企业在初创阶段的结构。在这个阶段，企业的组织结构图中还没有出现明确的汇报关系，企业也没有正式的工作描述和职位层级。这个结构看起来就像一个不断演化的太阳系，太阳是其中的引导机制，行星是战略性变革活动，月亮或卫星像战略性变革子项目。

这个组织是动态的：战略性变革活动和子项目根据需要进行组合或解散。随着时间的变化，虽然典型的层级组织并没有太大的改变，但网络组织会始终不断、毫不费力地发生变化。因为它不包含官僚层级、指挥与控制体系以及六西格玛流程，网络组织为一定程度的个人主动、创造与创新留出了空间，而这些即便是在由最优秀的高管领导、官僚程度最低的层级组织中，也很难出现。由于网络组织的成员来自组织不同层级、不同职位，它把信息从层级组织的禁锢中解放出来，使信息的流动更快、更自由。

双元驱动组织中的层级组织在每一个重要方面与当今几乎所有的层级组织都不相同。那就是，日常工作安排中，那些需要创新、敏捷性、艰难的变革以及快速执行重大战略性变革活动的工作（也就是过去由层级组织中的工作小组、老虎团队或者战略部门承担的工作），绝大部分都转移到了网络组织中。这为层级组织减轻了负担，使其能够更好地履行其本职工作：把当下的工作做好，为进一步提升效率不断做出改变，处理那些帮助企业应对可预见的变化的战略性变革活动，比如，常规 IT 系统的升级。

在一个真正可靠、高效、敏捷、快速的企业，网络组织是与层级组织相互协调的。它从多方面与层级组织无缝对接，相互配合，其最主要的方式是调动同时处于两个系统中的人。组织中的最高管理层对于网络组织的发起和维持仍然发挥着关键性的作用。最高层领导者，或者执行委员会必须发起网络组织，明确地肯定和支持它，保证它与层级组织的协调一致。层级组织的领导团队必须在与网络组织的互动中，为下属做出表率。我发现这些工作并不会要求最高层高管付出太多时间，但高管的这些行为会释放出清晰的信号，那就是网络组织绝不是一个随意为之的运营方式，不是一个非正式的组织，也并非只是一个让参与者感觉良好的小小练习活动。它是整个系统的一部分，并且是为竞争和获胜而设立的。

我并非在描述一个纯粹理论性的概念。每个成功的组织都会经历一个以双元组织运营的阶段，通常是在其早期阶段（更多相关内容请见第4章）。不管是大阪的松下公司，纽约的摩根士丹利公司，或伦敦的非营利组织，都是如此。问题在于，大部分人都不知道也看不到组织正常生命周期中，处于双元组织中的网络组织，所以这种结构很少能维持下来。随着组织的成熟，组织会自然而然地演变为单一系统——一个层级组织的组织，而失去创业期的网络组织。在变化速度较慢的过去，由于缺乏洞见和努力而未能促成和维持一个既高度可靠、有效，又极为快速、敏捷的组织，并不会给我们带来太大的损失。但是如今，这种情况已经一去不复返，对松下、摩根士丹利以及其他千百万家的公司都是如此。

2.2 双元驱动组织的原理

根据我们详尽的观察，一个运转良好的双元驱动组织有几个基本的指导原则：

- 由来自组织各个层级的大多数人来推动重大的变革，而不再是少数被任命的负责人。这是全新的起点。为了获得速度和敏捷性，你需要对收集信息、制定决策、实施具有重大战略意义决策的方式做出根本性的改变。你需要有更多的眼睛去看，更多的大脑去思考，更多的腿去行动，才能真正地加速。你需要更多的人，以他们特有的视角以及他们与他人之间良好的工作关系来实现真正的创新。要让更多的人有创新的空间，而不只是执行别人的指示。但是，这必须以经过验证的流程来实现，避免陷入混乱、导致毁灭性的冲突、重复劳动以及成本浪费的风险。而且这必须由内部人士来完成。即便是 200 个咨询顾问，无论有多聪明、多能干，都无法做成这件事。

- 一种“我想做”而非“我不得不做”的心态。历史上每一个伟大的领导者都向我们展示，从社会各个角落找到很多的变革代理人是完全可能的。但只有当人们获得选择的权利，感到真正被允许大胆迈步和行动时，这一点才可能做到。在这个过程中，想要与他人一起合作、为重要而激动人心的共同目标奋斗的渴望，以及实际做到这一点的可能性是关键所在。无数历史事实表明，当人们感到自己得以荣幸地参与某项重要的活动时，他们会在本职工作之外，自愿做更多的努力。你并不需要花费巨额的成本雇用更多的人。现有的人就可以提供所需要的能量。
- 以头脑和心灵双重驱动行动，而非仅仅是头脑驱动。如果你仅仅诉诸逻辑、数字和商业案例，大多数人不会想要帮助你。你必须同时诉诸人们的感受。就像历史上所有伟大的领导者所做的，你必须谈及人们为某个更大的理由做出贡献，将社区或组织带向更美好的未来的这种真实、根本的人性渴望。如果你能够提供一个载体，为人们的努力赋以更伟大的意义和更崇高的目的，神奇的事情就可能发生。
- 更多的领导，而非更多的管理。一方面，为了完成重要的常规性任务以及组织中数不胜数的重复性任务，由大量人员提供的有效管理是至关重要的。是的，其中也有领导，但是引擎的核心是管理流程。而另一方面，为了抓住难以预见、转瞬即逝的机会，或者发现并避免难以预见的威胁，企业更需要的是领导，而且这种领导并非是某一个有英雄色彩的高管。这个游戏关乎**愿景、机会、敏捷性、行动、激情、创新和庆祝**，而不只是项目管理、预算审查、汇报关系、薪酬以及对某项计划的责任。两方面的行动都很重要，但是仅仅靠后者，是无法保证在这个动荡的世界获得成功的。

- 层级组织与网络组织之间的不可分割的合作关系，而非单方面地发展层级组织。层级组织和网络组织要作为一个整体运转，双方之间要始终保持信息上的交流和行动上的合作。这一点部分受益于那些自愿参与网络组织的工作中的人们在层级组织中有其工作岗位。双元驱动组织不能是，也不必是两个独立的超级体系，由两组不同的全职人员来负责。就像原来的施乐公司帕克研究中心（一个令人欣喜的战略创新组织）和施乐公司本身（其在很大程度上忽略了帕克研究中心，施乐公司从未充分利用帕克研究中心发现的重大商业机会）。最后，两个部分的成功融合与任何新事物一样，一开始可能看起来是糟糕的、错误的，甚至带来了威胁，但是通过教育、高层的榜样示范、成功的展示，它将最终融入组织的DNA中，最后，人们会感觉到“这就是我们做事的方式”。

这些原则与层级组织中错误的运作方式迥然不同：通过少数几个被任命的人来推动变革，为他们设定几个特定的目标，然后通过项目管理者对实现目标的流程进行管理。如果环境所需的发展节奏不是如此的迅速，来自人们的潜在阻力不是大得惊人，而且需要做什么都很清晰（因而对创新的需求较小），那么这个错误的流程是可以运转得很好的。但是，世界已经向相反的方向快速行进。

基于这些原则，双元驱动组织中的网络组织的行动不同于层级组织。并不是说，一边很困难，是以量化方式推动的，而另一边是模糊的或柔软的。今天，相比于层级组织流程，如“运营计划或建立相关指标”，我们对于网络组织流程，如“创造短期的胜利”，所知更少。但是，就像运转良好的层级组织中的行动远远不是由控制导向的人们想做什么就做什么，运转良好的网络组织中的行动也并非由热情洋溢的志愿者们做他们想做的任何事。

由于网络组织中的行动对一切活动，特别是战略相关活动起到加速的作用，我把其基本流程称为**“加速器”**。

2.3　八个变革加速器

网络组织的流程与你通常在成功的、创业型的环境中所见的活动是类似的。它们与我提出的领导变革的八大步骤很相似，只是这一次是由高层发起一个动态结构，创造大量主动的变革推动者——一个与层级组织整合为一的网络组织，以及一个一旦开始就永不停止的流程。

以下是八个变革加速器，如图 2-1 所示。

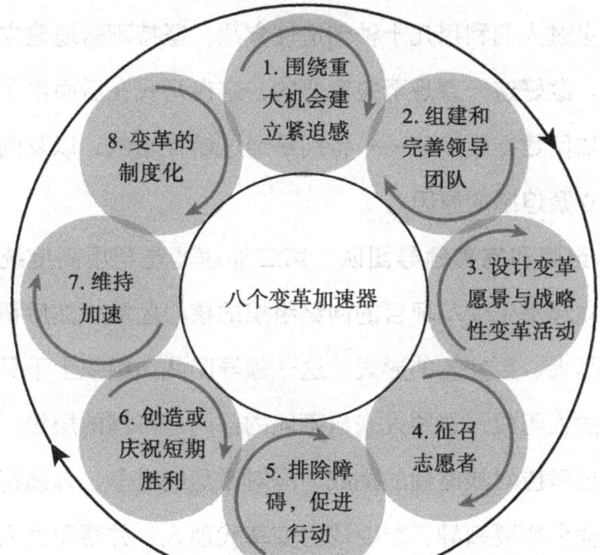

图 2-1　八个变革加速器

1. 围绕重大机会建立紧迫感。第一加速器是围绕组织所面临的重大机会，尽可能激发更多的人建立和维持强烈的紧迫感。这是建立双元驱动组织的起点。这是促使那些在成熟组织中成长起来，总是认为不可能完成任务的人改变行为的秘密武器。

这里所使用的“紧迫感”，不仅是关于本周需要解决的问题，更是关于那些越来越快疾驰而来的未来威胁和可能机会的。如果第一加速器运转良好，会有大量的人，而不只是少数高管，每天起床就开始思考如何帮助公司把握重大机遇。

我见过人们利用几十种创造性方法，坚持不懈地建立和维持紧迫感。做好这一点是至关重要的，这也是我在后面用了整整两章来讲如何建立紧迫感——特别是通过榜样示范，以及围绕重大机遇建立紧迫感的原因。

2. 组建和完善领导团队。第二加速器是利用高度统一的紧迫感建立起基于变革项目的网络组织的核心团队，然后帮助其演化为更强大、更完善的形式。这一领导团队由组织上下具有强烈紧迫感的人组成。这些人来自不同的部门、不同的层级，他们想要帮助公司应对战略性的挑战，应对激烈的竞争，并赢得重大的机遇。他们想要领导，想要成为变革代理人，并帮助他人也这样做。这个核心团队拥有在新的动态太阳系中成为有效的太阳所需的内驱力、理智和情感上的承诺、社会关系、技能以及信息。他们是一群能够学习如何有效地进行团队合作的人。

有了足够的紧迫感，找到想要加入领导团队的合适的人相对容易，但让来自不同层级和部门的人一起进行良好的合作却需要付出努力。仅仅把他们扔进一个房间，他们可能会按照他们所知道的固有方式进行再创造：形成一个以管理为核心的层级组织。但是在合适的条件下——其中，围绕重大机遇的紧迫感是关键要素——他们将学习如何以全新的方式一起合作。这种合作将允许层级组织与网络组织在战略上保持一致，维持企业高度的可靠性和效率，并发展出全新的保持速度和敏捷性的能力。

3. 设计变革愿景与战略性变革活动。第三加速器让领导团队明确一个匹配重大战略机遇的愿景，并选择能够推动组织快速、敏捷地迈向未来愿景的战略性变革活动。在你最初形成双元驱动组织时，我们谈到的内容中的大部分，特别是战略性变革活动可能已经存在了，由层级组织的领导团队制定。但是，初期的网络组织所推出的战略性变革活动往往是由领导团队极高热情成员推进。当然，这些活动一定是组织的执行委员会认为具有重大意义的，却是管理驱动的层级组织仅靠自身不能够快速处理的。

4. 征召志愿者。在第四加速器中，领导团队以及其他希望提供帮助的人，广泛传播关于变革愿景和战略性变革活动的信息，吸引大众支持变革活动。这个流程如果处理得好，会赢得大众的支持，不管是对具体的战略性变革活动，还是整体的变革而言。这一加速器开始像引力一样拉动行星和月球进入新的网络体系。

5. 排除障碍，促进行动。在第五加速器中，每个在网络组织的某一边（即本章和前面的章节中图的右边部分）起支持作用的人都在快速行动，以实施战略性变革活动，并找到新的具有战略相关性的变革活动。人们以一种敏捷和快速的创业精神谈话、思考、创造及测试结果。这里的很多行动与识别和消除导致重大战略性变革活动减速或停滞的障碍有关。与创业企业不同的是，在双元驱动组织中，这个过程会引导人们密切聚焦于层级组织的一面：关注当下大家在做哪些工作（避免重复劳动），已经完成了哪些工作（避免旧事重做），层级组织的运营目标和新增的战略性变革活动是否保持协调一致。他们将基于来自所有部门和层级的良好的信息交流，以极快的速度促进敏捷行动。

6. 创造或庆祝短期胜利。第六加速器是指，网络组织中的每个人帮助创造持续的与战略相关的胜利，不管是大的胜利，还是小的胜利。这里的行动也包括保证尽可能地让整个组织看到这些胜利，并对这些胜利进行庆祝，哪怕是进行小小的庆祝。**这些胜利及其庆祝可以带来巨大的心理能量，对于建立和维持双元驱**

动组织有关键性的作用。他们为新的结构带来信誉。这种信誉进而会促进整个组织上下更多的合作。这些胜利可能促使大多数控制导向并且不想成为网络组织的志愿者的管理者对新的系统表示尊重、理解，甚至提供有效的帮助。

7. 维持加速。第七加速器是保持整个组织继续前进，尽管在获得一两次胜利之后就松懈下来是人之常情。有些人有这样一种认识，那就是由战略性变革子项目所创造的这么多胜利，可能既不可持续，也并不特别具有战略意义。除非战略性变革子项目取得成功，否则更大的战略性变革活动可能难以取得成功。在这一步，通过将不懈的努力聚焦于新的机会和挑战上，我们找到一个帮助其他加速器持续运转的发动机，就像汽车引擎中的火花塞和气缸。它与一蹴而就的方法和心态完全相反。

8. 变革的制度化。第八加速器帮助将胜利制度化，**把胜利成果整合到层级组织的流程、系统、程序和行为中**。事实上，就是帮助把这些变革渗透到组织的文化中。当这些行动带来更多的变革，就会有一个累积效应。几年后，这些行动会推动整个双元驱动组织根植到组织的 DNA 中。

当所有这些加速器都运转良好的时候，它们自然就能解决在建立新的组织过程中所面临的挑战。它们会提供能量、志愿者、协调，提供层级组织与网络组织的整合，以及必要的合作。在它们利用机会和应对威胁的同时，整个系统也会不断成长和加速。最终它将演变为你在快速变化的世界中经营企业的新方式。你将迎着激烈的竞争，向着远大的目标前进。而且，如果处理得当，所有这些将不需要增加成本高昂的人员，不会干扰日常的运营或影响盈利目标的达成。

2.4 变革志愿者

那些推动这些流程和置身加速器网络组织的人也为组织的日常业务带来活力。他们不是与组织分离的一群咨询顾问、新雇用的员工或被任命的任务小组成员，他们是组织的有机组成部分。

我们发现，要让网络组织运转良好，只需要层级组织中管理者和员工人数的 5% ~ 10% 的人参与进来。这一点对于整个双元驱动组织的有效运转很重要，原因有二，首先，这 5% ~ 10% 的人在层级组织中拥有关键的组织知识、人际关系、信誉和影响力。他们通常是最先看到威胁或机会的人——而且如果他们所处的部门允许的话，他们会有极大的热情去应对这些威胁或机会。第二，他们不会带来预算的增加。

如果第一加速器运转良好，形成了足够高的紧迫感，要找到这些许多志愿者参与其实是很容易的。他们会给变革项目带来活力、承诺和发自内心的热情。由这些拥有来自不同层级和部门的知识、满怀激情的人们采取的适度而协调一致的行动，将为网络组织注入采取敏捷的战略行动所需的力量。

如果人们从来没有亲眼见过这种双元驱动组织的运作，他们通常会担心，一群满怀热情的志愿者带来的问题可能比他们解决的还要多。因为他们可能跑偏方向，做出考虑不周的决策或扰乱日常的运营。这正是网络组织、其背后的原则以及各个加速流程发挥作用的地方。他们创造了这样一个环境，在其中，人们提出的不是简单的想法，而是用来自层级组织所有部门和层级的良好数据支撑的想法；人们不只是提出战略创新活动，而且也深知实施这些活动是他们的职责所在；人们不只是保证日常的顺利运转，而且改进每日的流程，让组织的工作变得更容易、更高效，成本更低，效益更好。

在那些双元驱动组织已经固定下来的组织，人们告诉我，在网络组织中工作所获得的回报是巨大的——虽然这种回报很少是物质上的。他们谈到了在追求一个他们所信奉的关乎整个企业的更广阔使命的过程中，他们获得的自我实现。他们感激自己有机会与这样一群来自不同部门和层级的人一起工作，这在他们层级组织的例行工作中是完全不可能的。他们中的很多人都说，他们所做的战略性工作让他们在整个企业受到更高的关注，让他们得以进入层级组织中更好的职位。他们的上司通常会发现，这些志愿者在职业上获得了巨大成长。一位欧洲的客户在给我的一封邮件中这样说："我简直无法相信，这个项目网络组织为组织中真正的人才带来的快速成长。当人们感到'是的，我可以做到'时，他们在层级组织的例行工作中也开始更快地成长，这让日常的运营也变得更加有效。"

2.5 有组织地培养和提升士气

双元驱动组织并非一开始就成型，也不要求对组织进行全面的改造，因此，其风险比人们想得要小。它是随着时间的流逝而慢慢演化、有机发展出来的。它能够加速组织的行动，以应对竞争更加激烈的世界；其发展过程在不同的组织有不同的具体情况。双元驱动组织的关键特征如图 2-2 所示。它可以从小步前进开始。1.0 版本的战略加速器网络组织仅在企业的某一部分采用——比如在供应链系统或者欧洲分部采用。当它在那里发展为一股强劲的力量之后，再扩展到组织的其他部分。

1.0 版本可能无关乎战略制定或调整，而只是聚焦于敏捷、创新的执行。它最初可能更像是一次大规模的员工敬业度提升活动，在不增加预算的情况下创造更大的回报。但是，网络组织和加速器会不断演变，势头可能发展得比你想象的还要快。只要执行委员会理解这套新的系统，发挥其作用，只要新的组织确实能够帮助组织应对竞争挑战，整个双元驱动组织的模式最终会渗入组织文化中，成为“我们这里习惯的做事方式”。

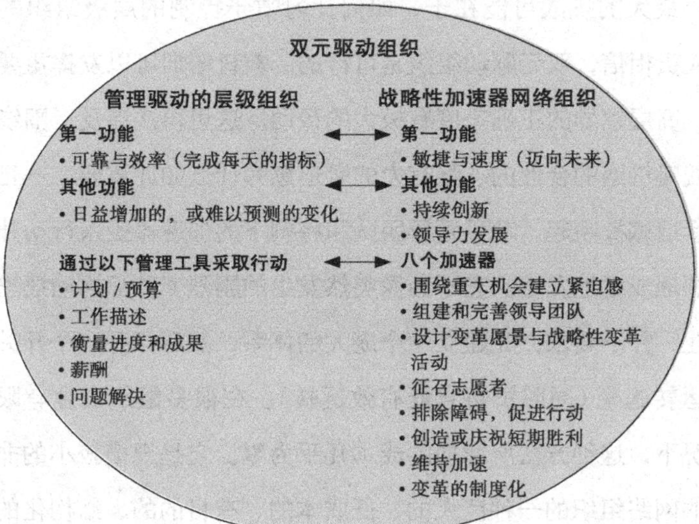

图 2-2　双元驱动组织：关键特征

当然，这个过程中也会有挑战。在过去七年，我的团队辅助过很多建立双元驱动组织的先行者——不管是来自私营企业还是公共部门，是职能部门、产品部门还是整个公司。这些挑战很多是可预见的，而且并非无关紧要。其中一个挑战是，如何确保系统的两部分学会一起良好合作。这里的关键在于网络组织的核心团队与执行委员会之间建立和维持良好的关系。另一个挑战是培养团队士气：最重要的一步是从开始就创造胜利，并向大家宣布，建立共识与共鸣。

最大的挑战可能在于，如何让习惯于控制的层级组织的经理人员相信，双元驱动组织是可行的。教育培训可以发挥重要作用。高层领导的正确态度有极大的帮助。这里再次涉及，围绕重大战略机遇的合理的、强有力的紧迫感为什么如此重要。一旦这种紧迫感被唤起，动员领导团队和将剩下的加速器投入行动几乎会顺理成章地发生。它不会像突然发生的剧烈变革那样动摇整个企业，并不要求你先建立一个庞大的体系，然后打开一个开关让它运转起来（同时祈祷它能有效运转）。在很多组织资金有限的情况下，这种方法所增加的成本几乎为零。它是规模较小的非正式的网络组织的一种巨大的、低成本的、有目的的、结构化的扩展——规模、范围和实力上的扩展。这个网络组织将比层级组织以更快速、更低成本的方式完成重要任务。

单一运作系统不可避免的失败现在已经带来损失，我相信它在将来会让组织窒息。21 世纪迫使我们所有人向一种全新的组织形式演变。好消息在于，这让我们能够做得更多，而不是仅仅依附于我们在 20 世纪所取得的成果。如果我们成功地实施一种新的组织运作方式，我们将能够在快速变化的世界把握战略性挑战带来的机会。我们可以提供更好的产品和服务，增加财富，创造更多更好的工作机会，而且是以比我们过去的速度快得多的方式。也就是说，当这个越来越变化莫测的世界真的带来某种颠覆，我们依然有潜在的广阔未来。

我们依然有很多需要学习。但是，那些敢于引领潮流，率先走上这条道路的企业将很快看到长期的成功——对利益相关者、顾客、员工以及他们自身而言的成功。我相信拖延者会遭遇更严重的后果——如果他们还能生存下去的话。

第 3 章

变革的风险

ACCELERATE

BUILDING STRATEGIC AGILITY FOR FASTER-MOVING WORLD

像所有故事一样，下面的这个案例虽然在细节上有其特殊性，但这家公司所面临的根本性挑战在今天是习以为常的。

在阅读的时候，请思考：这个案例中有哪些内容是你似曾相识的？

3.1　启动新战略

这是一家提供专业服务的公司，市场份额在业内排行第三。随着全球竞争的日趋激烈和技术的飞速发展，公司面临着滑落到行业第四的危险。公司原来的 CEO 退休了，董事会从外部聘任了一位新 CEO。大家一致认为这位新 CEO 是一位有远见卓识的优秀领导人，他过去曾在一家规模稍小的公司的相近业务部门取得过辉煌战绩。

新 CEO 上任后，迅速组建了一个由他本人亲自领导的学习小组。他让一些经理人员放下手头的工作，全时参与学习，并请了一家著名咨询公司来协助。他对学习下达的要求是：探讨清楚两大问题，一是如果不对现在的战略方向做出调整，后果会怎样；二是要获取新的战略优势，最大的机会在哪里？很显然，对这两个问题，CEO 都有自己的看法，但他并不急于与学习小组分享，而是坚持让大家收集大量的信息，并进行严格的分析自己做出判断。

四个月以后，这个学习小组向高管团队递交了一份报告，详细阐述了公司当前的政策在哪些方面可能导致公司滑落到行业第四的位置，以及由此导致的经济后果会有多严重。这份报告也重点指出了几个重要的战略机会。新 CEO 非常喜欢其中的几个深具启发性的建议，它们可能给客户带来完全不同的新产品，新产品将为客户最迫切的需求带来“梦”一般的解决方案。产品的主要功能并没有变革，只是形式上更简单，更容易使用。这个行业中的一些创业公司已经展示了这种产品在技术上的可行性，但它们在品牌、规模、财务实力和组织水平等各方面，还不足以对这家成熟的公司构成威胁。

CEO 说，如果这些创业公司行动够快，他们很可能在那些大公司还没认真思考这个战略之前，就率先实施这个战略，因为大公司更老旧、更官僚、行动更慢。根据学习小组及咨询顾问收集和分析的令人印象深刻的数据，CEO 认为，如果新的战略实施成功，公司将有望在五年之内赢得市场排名第一的位置，市值将增加10亿美元，并保持这一龙头地位。经过多次深入的讨论，这一战略建议得到了高管团队的认可，并最终获得董事会的支持。

新的战略要求公司在一年之内进行大规模的收购，吞并所有正打算实施这一“梦之战略”的创业公司，以及一家正在进入这一领域的规模稍小的成熟公司。新战略的实施还需要尽快采取几大补充措施。一是建立全球人力资源信息技术系统，以便管理层实时了解人员成本的准确信息（不只是全球员工的工资成本，也包括福利、公司用车、为新员工提供办公设备的支出等）。由于这是一家提供专业服务的公司，这些成本在总的成本中占了很高的比例，而当前的人力资源IT系统尚不能提供全体员工的即时信息，更不用说总成本的即时信息了。随着公司全球业务的增长，不同区域的公司各有一套自己的IT系统，缺乏系统的整合，这个问题正变得日益严峻。

3.2　人力资源IT系统项目启动

公司成立了一个内部项目组。项目组向系统咨询顾问提交了需求建议书，然后研究了各家公司的提案，并最终选择了其中一家。这个过程花了两个月时间，IT部门的同事认为这简直是神速。咨询顾问在项目组的指导下，到全球各地分公司进行考察，最终提出了一个关于整合全球系统的建议书。新系统的复杂程度超出了公司目前的需求，但咨询顾问信誓旦旦地说，过于简单的系统必然会在几年之内过时，到时候又要对系统进行更新，两次的成本加起来将远远超过一次到位的成本。项目组最终同意了这种看法，将方案提交给了高管团队。CEO 对这个方案的复杂性、漫长的时间节点和高昂的成本不满意。但是公司所请的 IT 咨询顾问已经是业界顶尖水平，最后高管团队还是批准了这一方案，只是加了一个指示："快速行动，不超预算，将对当前业务运营的影响减到最低。"

咨询顾问和项目组一起制订了更详细的方案，然后提交给了项目管理办公室，并任命了高级项目经理。与此同时，咨询顾问与项目组仍然参与项目的实施。

3.3 评估风险

迈阿密办公室的一位程序设计主管被问到按要求（即按时完成，不超预算，系统运转良好，并且不为其他部门带来新的问题）完成这一项目的风险所在。

他说："我有 25 000 美元的预算，用于寻求额外的帮助。我认为这是符合实际需求的，但我确实从来没有做过这样的全球项目。"

“这个项目进展好坏对公司的风险是什么？”

“对整个公司吗？”

“是的。”

“我不知道，这个问题超出了我的工作范围。”

“你按自己的理解推测呢？”

“我们已经对这个项目进行了充分的讨论，它对我们来说确实是全新的尝试。”

“所以，这个项目对整个公司的风险是……”

“我真的不知道。我推测的话，仅仅是推测，影响将是6位数的，甚至可能是很高的6位数。”

当把这个问题提交给他的上司时，他的上司说：“这个项目在全球的预算，我认为在800万美元左右。”

“所以，风险是……”

“你说的‘风险’是指？”

“你理解的任何含义都可以。”

“我想，如果失败，我们可能会损失几百万美元，或者更多。但这种可能性不大。”

同样的问题摆在了公司人力资源总监的面前。他说：“我们的预算大约是50万美元，其他预算由IT部门掌握。”

“这个项目对公司的风险是……”

“这要看情况。这个项目的总预算是800万美元。我听说项目比预计的还要棘手。关于这个项目超出预算或推迟完成的可能性有多大，你应该去问IT部门负责人锡德，而不是我。”

于是，去问锡德。

“对公司的风险？”锡德说。

“是的。”

“如果我们延迟完成，这个系统可能就无法为我们大规模的收购计划以及第一阶段的服务简化等做好准备。但这种可能性微乎其微，不足为虑。不过还有一定的可能是，我们无法清晰地、快速地获得成本信息，这可能导致难以预见的困难。”

“所以这对公司的风险是？”

“对于一个预算800万美元的项目来说再明显不过了，损失肯定是数百万美元，甚至可能超过800万美元，所以我们对这一项目给予了高度重视。”

然后你去问CFO。

“乔治（CEO的名字）对于公司未来5年发展有大胆的设想。为了向这个目标前进，把握未来的机会，我们大约需要先完成10～11个大项目。我看到的最新项目成本总额是1.07亿美元。对我们来说，这是一个大数目。所以，风险很大。人力资源IT系统项目只是其中的一小部分，你也可能认为只是其中不那么重要的一小部分。但这些项目出现任何问题，都可能影响CEO制定的10亿市场份额的目标。你问这个项目的风险是什么？这个很难准确回答，因为我们此前从来没有做过类似的事情。我可以肯定地说，风险在数千万级，这取决于它对收购战略的影响，甚至可能更多。所以，风险可能比IT部门的同事看到的要大很多。”

最后，你去问CEO。

“我想，所有这些项目的风险比预计的看起来更大，因为它们与我们在8个月后将要做的事情密切相关。如果我们把这些项目都做好，我也相信我们会做好，公司将在5年之内上一个新台阶，未来前景也将更加繁荣。这种增长将是巨额的，公司的价值可能因此提升数十亿美元。我之前也经历过类似的事情（在上一家规模稍小的公司），虽然我们现在的团队没有过这样的经历，但我相信我们可以把一切顺利完成。”

你问：“就人力资源IT系统项目而言，如果未能按要求完成，会带来什么风险？”

“很难把某个项目孤立开来谈。如果这个项目延迟6个月完成，并且超出预算50%会有什么风险？很显然，数百万美元。如果他们真的搞砸了，当然我会紧盯这个项目，这种情况可能性极小；万一不行，会带来数千万美元的损失。很难想象一个相对简单的800万~1000万美元的项目却可能在5年之内，耗费5000万美元的成本，但我想这种可能性是存在的。”

3.4 故事的后续发展

人力资源IT项目的启动似乎进展良好。IT部门的同事向最重要的事业部总经理汇报说，这个项目将会使得销售部推动的另一个项目推迟。高管团队召开了紧急会议，销售部不得已制定了新的收入预算，这个插曲也导致销售、IT和人力资源部人员之间出现了一些矛盾。

然后，负责四个国家业务（其中包括对公司未来最重要的中国）的经理抱怨说，他们的人没有办法同时应对这么多变革项目，尤其是人力资源IT系统分散了他们的精力，因为这个系统无法与一个重要的市场项目协调一致。东欧业务负责人也说，他那边的IT技术人员认为选择这套人力资源IT系统完全是由美国咨询顾问和总部不了解情况的决策者做出的错误选择。IT咨询顾问说，东欧保持着几十年积累下来的根深蒂固的习惯和文化，让他们很难与其合作。

总部与区域的关系变得紧张起来，因为各地纷纷提出各种延迟项目的借口和更高的资金要求。这些争论蔓延到其他涉及销售、客户、预算等问题的讨论中。

咨询顾问宣布，人力资源 IT 系统在拉丁美洲运转良好，远远超出了他们的预期。但是，这个系统与新的软件完全不兼容，而且拉丁美洲的人力资源 IT 系统与区域内的其他 IT 系统（如销售、制造等）紧密联系在一起。

CEO 知道这些情况后，询问咨询顾问为什么没有提早发现这些问题。咨询顾问说，因为他们被要求在两个月内完成原本需要四个月完成的工作，就没有做更多的解释。很多人猜测，原因是拉丁美洲管理团队最初没有充分透露信息。他们似乎认为，如果他们系统的信息被过度暴露，他们就会成为矛头所指，需要承担难以达到的利润和收入目标，以及其他变革项目。事情最终真相大白，原来拉丁美洲 IT 和人力资源人员认为他们不应该在这个人力资源 IT 项目上浪费时间，因为他们认为自己的系统比公司任何系统都好。

人力资源 IT 项目负责人被撤职。这件事情有人欢喜有人忧。新的负责人带了自己人来做项目经理，他们开始设定新的目标和时间表。一个变革管理团队被组建起来。一位高管（人力资源主管）被正式任命为项目的高管支持者。

时光飞逝，大家工作分外努力，工作也确实在向前推进。但是到第 8 个月的时候，这个新的系统并没有完全完成并进行测试。虽然已大致完工，但还存在重大的缺陷。

然后，预想的事情发生了。

收购计划启动。由于无法获得关于全部成本的实时信息，所有的决定都是在季度末业绩高企时做出的，这无意中增加了支出占收入的比例，导致公司未能实现预期收益。资本市场对该公司的激进行动本来就持谨慎态度，看到这种状况，都被吓住了。股价一天之内跌了15%。CEO怒不可遏。他的首个收购大手笔功亏一篑。业内最大的竞争对手趁机突袭进来，抬高收购价格，导致公司股价再次下挫，让其他正在进行中的收购也举步维艰，从而给了更大的竞争者趁虚而入的机会。这家竞争对手开始逐步实施其CEO的战略愿景，把握这个巨大的机遇，在接下来的几年时间里，逐步占据优势。

而前面提到的这家公司，本来极有希望从行业第三跃居行业第一的，却滑落到了行业第四。其市场份额和市值大幅下滑，元气大伤，在之后5年，都未能完全恢复。据业内知名分析家分析，其损失的市值高达15亿美元以上。这还没有算上未来5年战略增长带来的经济损失。这个损失，分析家认为，应该在2.5亿～30亿美元。这使得人力资源IT系统的失败带来的总损失达到17.5亿～45亿美元。

CEO在整个公司信誉扫地，几位高管离职。媒体一再谈到这个故事，但对于故事背后更深刻的问题，即大的战略变革决策中的一个小细节是如何让整个战略变革毁于一旦，带来未曾预见的灾难，媒体却从未解释清楚。

3.5　现实与信念

公司内部对于人力资源 IT 项目的风险评估，是 75 万美元（来自迈阿密办事处的项目主管的评估）至 5000 万美元（来自 CEO 的评估）。这意味着公司内部大部分人对风险的评估只有实际总数的 0.02%。CEO 的猜测离实际值稍微近些，但也只是实际总数的 1% ~ 2%。

这还没有算上其他连带的损失：因为错失良机而损失的工作岗位的增加（请注意，经济学家认为，每损失一份工作，都会引起一系列连锁反应，从而给几十个人带来大大小小的影响）；由于未能提供预期的服务给客户带来的损失（事实上，有个大客户已经根据这家公司雄心勃勃的计划制定了自己的战略）；组织的无形损失（一旦信任、合作和士气受损，是很难修复的）。同时，也为很多人的个人声誉、职业发展和个人成就带来了巨大损失，CEO 本人就首当其冲。

甚至还可能更糟。公司破产，或被另一家公司收购然后破坏掉——这都是有先例的。在一个变化更快、竞争更激烈的世界里，衰落的风险对大多数企业都越来越大。企业比以往任何时候都更加如履薄冰。

但是，换个角度看，当今的企业也面临着前所未有的机遇。谷歌和 Facebook 在短短 5 ~ 10 年的时间之内所取得的辉煌，是以往从未有过的。虽然在这个案例中，这家公司所面临的机遇没有那么大，但也是相当可观的，能给员工、客户、股东、高管的职业生涯、税收等各方面，带来巨大的好处。

读了这个故事，有些人可能会说，导致失败的一个重要原因是运气太差。但是，我们的决策和行动其实一直在增加我们所说的“运气”的概率，不管是好运还是厄运。首先，这家公司犯了严重的错误，一开始就严重低估了变革计划的风险。其次，为了把握巨大的机遇，公司所有人使用的都是他们过去学会的方法——这些方法中大部分可能都被今天的企业奉为“最佳实践”。这些实践是基于并形成于一个管理驱动的层级组织——同时得到战略学习小组、企业报告、IT 咨询顾问、项目组、项目管理办公室、高管支持者等的支持，从而集合所有人之力来执行一个战略变革计划。打个比方，就像一辆车如果驾驭良好，可以以每小时 60 英里的速度前进。但不幸的是，在驾驶这辆车的途中，遇到了很多不可预见的拐弯和障碍——还要求驾驶员能更敏捷，以每小时 100 英里的速度前进。

这就是问题所在。当速度足够慢、可预见性足够高时，很多方法在组织中用得很好。但是当速度急速提高、可预见性大幅下降时，这些方法就不那么奏效了。游戏规则已经变革了。你必须能够以很多成功企业或创业企业的速度和敏捷性来驾驭你的企业。这个案例中的公司不具备这些，甚至没有意识到自己不具备。这种情况在当今企业中十分常见。

你可能会有异议，说这个 CEO 不应该追求这么大胆的战略。公司当时并没有短期内可预见的危机。但是行业分析专家认为，当时的战略学习小组的预测是对的，即如果公司保持现状，将落入行业第四的不利位置。如果那样的话，公司市值也会大幅下降，从而进一步削弱它在竞争中的实力。

我知道这个案例中的所有人，我们不能说他们是因为能力不足，采用了错误的方法。那位 CEO 很聪明，在业内很受尊敬。他和他的团队理所当然地认为，他们采用的战略实施方法一定会奏效。他们从来没有停下来想一想，在一个已经过时的组织体系中，他们会遇到何种阻碍。这个组织体系是形成于 20 世纪的单一的层级组织——不管战略学习小组、项目组、项目经理及咨询顾问等能给这个体系带来多大的支持力度，这个组织体系从第一天开始就潜伏着巨大的风险。

第4章

领导力与组织进化

ACCELERATE

BUILDING STRATEGIC AGILITY FOR FASTER-MOVING WORLD

我们正处在变革风暴的中心。这场风暴来自于先进技术商业化，以及全球化在过去几十年的累积。这场风暴带来了商业动荡、新的竞争、技术更新、新的风险……同时也带来了新的机遇。一些行业受到的冲击更为明显和直接，但没有一家企业能够免受冲击。成立了 200 多年的老牌企业杜邦，在过去总是用生命周期长达 20 年的产品参与市场竞争，但今天它们的某些产品的生命周期为两年。新闻出版行业，过去一个世纪都是用同一种模式在运营，但在过去 10 年发生了翻天覆地的变化。电脑曾是非常有竞争力的产品，但如果你是惠普或戴尔的高管，你会发现，“有竞争力”这个词在今天这个世界已经变得无比脆弱。

领先企业一直在寻找和开创新的道路，以应对这种全新的现实状况。有些企业采取的措施取得了良好的效果——迄今为止。但是，我所看到的一切以及我所能找到的所有证据都表明，今天的“最佳实践”越来越难以创造令人满意的未来。

为什么会这样？为什么这个问题变得越来越严重？

为了令人信服地回答这个问题，我们需要首先面对两个一直令人困惑不解的相关问题。第一个问题是，管理的本质是什么？领导的本质是什么？我们的误解让我们相信，一个由能力出色的高管管理的层级组织，能够带领组织更快速、更敏捷、更繁荣。但事实上，现在已经不可能了。

第二个问题是，企业自然发展的道路是怎样的。我们倾向于认为，企业发展，是从很小的层级组织，管理流程不完善，慢慢发展到很大的层级组织，拥有更加正式、完善的管理流程。其实不是这样。随着时间的推移，成功的组织会从一个网络组织发展为层级组织，在这个过程中企业会快速经历一个类似于“双元驱动组织”的阶段。

4.1 管理不是领导

在人们的日常对话中，你会发现，他们会混用“领导”和“管理”。如果让他们做一个详细的区分，他们往往认为是由层级高低来决定。高管负责“领导”，不管其含义是什么，他们的职责是“领导”。中层负责“管理”，同样也不明确其含义是什么。这种看法是不对的，会带来越来越多的困惑。

管理是通过一组众所周知的流程，帮助组织产出可靠、有效以及可预见的结果。良好的管理，能帮助我们做好我们已知如何去做的事情，不管企业的规模、复杂性和地理分布范围如何。这些流程包括计划、预算、组织设计、人员配置，制定政策和流程，衡量员工业绩，并在没有达成计划目标时进行问题分析与解决。

我们今天所理解的管理，基本上是20世纪下半期发明的概念。虽然其根源可以追溯到若干世纪以前（比如管理罗马帝国），但我们今天所理解的管理，是指现代企业运营管理。现在，管理要求具备很多高超的技能。对于管理是什么，以及管理能做什么，如果去问一个1900年受过良好教育的人，他的理解一定大不相同。

在19世纪及之前精细化的现代管理流程是不存在的，因为当时的社会不需要这些流程。以美国为例，在独立战争之后，全美仅有几百个组织，每个组织的雇员也只有100多人。今天，美国拥有100名雇员以上的组织超过10万个。1900年，全世界从事商业的公司数量几乎接近于0。今天，公司的数量已经数以千万计。

没有有效的管理，我们在20世纪创造的组织以及在今天仍在创造的组织就无法运转。没有管理，一切将陷入混乱。企业会分崩离析，很快关门倒闭。管理是一个极其重要的发明，虽然大部分人——甚至大部分经理——并不真正理解管理带来的奇迹有多大。

但是，管理不是领导。

领导是设定方向，创建愿景，激励人们想要为实现这个愿景而奋斗，并通过有效的战略激励人们满怀激情、行动迅速地去奋斗。领导最基本的含义是动员人们追求更加美好的未来。

在很多人心中，伟大的领导力与伟大的人物相连，如亚伯拉罕·林肯、维多利亚女王，他们动员整个国家的人为伟大的目标而奋斗，最终取得了超乎想象的成就。我们很容易认为，是这些卓尔不凡的少数人靠他们的领导力，并且仅靠他们的领导力，塑造了历史。但是，这样理解历史是片面的，我们现在都确切地知道，历史的发展并非如此。

今天，你可以看到，在各行各业各个岗位上，有各种各样的人在承担起领导的责任。一个项目经理可能做出某种创举。因为他的领导，一小群人被动员起来去探索和创造新事物，创造组织中其他人认为几乎不可能的结果。那些被称为“中层经理”的人也在履行领导的责任。相反，有些高管的行为中却几乎没有“领导”的成分。

不管是过去还是现在，领导力都与变革紧密相连。领导力不是动员人们按他们习以为常的方式行动。领导力是变革人和组织，带领他们克服面临的各种威胁或障碍，迈向一个新的、更美好的未来。

在今天的企业中，领导力是动员人们创造前所未有的新事物的核心力量。也就是说，领导力意味着开创新的事业。领导力意味着在把握现有事业的基础上，不断发现新的机会，带领企业获得新的增长和繁荣。图 4-1 直观地展示了管理与领导的区别。

管理与领导

管理	**领导**
• 计划	• 设定方向
• 预算	• 协调人员
• 组织	• 激励他人
• 人事	• 鼓舞人心
• 绩效考评	• 动员他人实现超乎想象的成功
• 问题解决	• 激励人们迈向未来
• 做我们知道如何做好的事	
• 持续产生可靠、可信任的结果	

图　4-1

在这个快速变化的世界，没有强大的领导力，组织会变得僵化，最终遭遇失败。所谓“强大的领导力”，不是指能力出众的 CEO 或高管团队。仅靠某一个人，或者组织高层的一小群人，不可能提供企业所需要的所有领导力。即便是一个超人，带领着一群杰出的管理者，这些管理者又管理着一群能力出众的个人贡献者，也依然不足以为企业提供强大的领导力。

那么，管理与领导，哪个更重要？要回答这个问题，我们需要重新思考，这两者各自扮演着什么角色。管理确保企业可靠运营所需的稳定和效率。领导创造必要的变革，以把握新的机会，避免重大的威胁，并创建和实施新的战略。总之，管理与领导非常不同，不管企业规模如何，处在当前这个不断变化的环境中，这两者对于企业获得成功都非常重要，如图 4-2 所示。

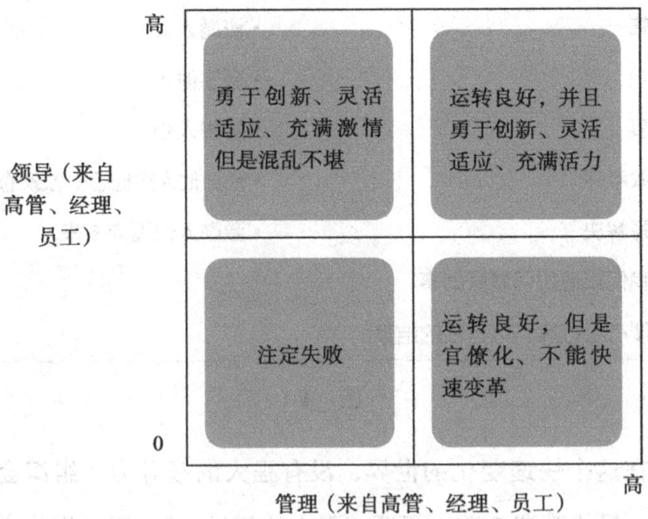

图 4-2　管理与领导矩阵

以下问题也许是所有企业面临的最基本的问题。任何 10 年以上、员工数量超过 30 人的成功企业，一般都有多人担任管理职务。企业必须有管理者，除非企业没有短期业绩压力。不这样做，企业可能会很快经营不下去。但是，大多数企业——特别是比较成熟、规模较大的组织——却缺乏强大的领导力。大量的研究得出了这个结论，却没有研究支持相反的结论。

如果世界变化没有这么快，竞争没有这么激烈，战略性挑战没有这么多，企业保持现状也可以存活下去。而且业绩可能看起来非常好。但问题是，这是一个动荡的世界！这是一个竞争激烈的市场！整个世界正在飞速变化。

我们是如何走到今天的？为什么会遇到这样的领导力问题？这里也存在很多误解。我认为对这些问题，至今为止还没有人给出最佳答案。

4.2　组织的生命周期

成功的创业企业都有理性的、以市场为导向的愿景。这些公司几乎每个人都理解这个愿景，对这个愿景抱有承诺，让自己的行动与这个愿景保持一致，并在愿景的鼓舞之下努力工作。也就是说，这里存在着某种强大、有效的领导力，不管掌管这些企业的创业家，是希望建立一个为公众提供新型巧克力饼干的企业，还是希望建立一个向其他企业提供微型芯片的企业。在成功的创业企业，领导力大部分来自创业家，但是通常其他人也会承担重要的领导责任，以微小的领导行动帮助企业向前发展。

在企业发展的早期，管理的成分很少。在创业成功的故事中，很少会谈到组织结构。如果你想要这些企业提供一份组织结构图，人们甚至会笑话你。这是因为，这些企业很少有传统的等级式管理结构。如果你想画出企业运营的结构图，它看起来可能更像一个不断变化的太阳系或分子结构图。它是网状的。它有一个中心，一个太阳，同时有很多其他的行星，这些行星可能又有自己的月球或卫星。这个太阳就是居于企业核心的创业家。通常有两三个关键人员同处于中心。这些行星并不是传统的职能领域，并不是市场营销星、财务星、运营星等。公司已经不需要以这些术语来思考。相反，这些行星代表的是不同的创新计划，通常与设计或测试新产品或新服务有关。

在这个系统中，很难找到层级组织的影子。其中，一个比较初级的员工可能看起来比处于核心的创业家还要重要。这个系统也不会像传统层级组织那样，以大小不同的办公室，代表不同层级的职务。没有战略措施会议或其他标准的流程。除非企业需要制订一个商业计划用于融资，否则不会有任何上百页的规划材料出现。

所有这些特征——愿景、活力、扁平结构，因为没有传统的部门、层级或制度而易于沟通——可以让这些企业行动快速而敏捷。一个项目可以在一天之内撤销，更好的创意可以迅速投入实施。不需要举行16次会议来督促人们，因为他们的薪水和职业生涯与他们所从事的项目紧密相连。这种敏捷性，可以让一个成功的年轻企业快速超越成熟的竞争对手。

随着在市场上节节胜利，这些年轻而高效的企业快速成长。然后，到了某一个节点，这个企业被迫开始建立我们所熟悉的管理体系——即便企业并不喜欢这种变化。出于发展的需要，企业开始建立最基本的管理结构和流程。这时候，层级组织开始出现，在初期还是非常扁平的，甚至通常没有清晰的工作描述。

但是在成功的组织中，即便管理结构和流程逐步发展起来，其最初的企业体系也不会失去。创新项目带来的活力、得到授权的人体现出来的领导力以及跨部门工作的敏捷性，全都保存完好。层级组织和网络组织同时运转并有机联系在一起。通常，把这两个系统结合在一起，保持冲突最小化的关键人物是企业创始人，这时候他也是企业CEO，并仍然处于整个网络的中心。随着自然而然的发展，同时也是出于经济的必要性，企业不再允许人们把全部时间都贡献给最初的网络组织中的活动，而不为层级组织投入精力。于是，层级组织和网络组织之间强烈的人际联系让这两个系统紧密结合在一起。

根据我的观察，在成功企业的生命周期的这个阶段，企业的表现是非常卓越的。你会看到企业利润的增长，并且形成了独特而精彩的文化。资本市场也会注意到这些，从而进一步推动企业获取更大的成功。

如果一个企业持续繁荣，它对运营的要求会相应地提高，整个管理层级会不断发展壮大。企业会建立更多的流程。在一段时间内，网络组织本身也会发展壮大，越来越多新加入的员工在各种项目中发挥才能，帮助企业把握更多的机会，并保持敏捷性。

但是，到了某个阶段，层级组织的发展可能超过网络组织。有时，早期的一些员工可能会离开，因为他们不喜欢这种“官僚主义”。一边是敏捷、快速、寻求机会的网络组织，一边是可靠、高效、创造稳定产出的层级组织。两者之间的矛盾越来越大。由于层级组织往往掌控着企业的资源，而到这个阶段，层级组织开始发展得比网络组织更加强大，于是它开始悄悄地、系统地消灭组织中的网络组织。这不是蓄意为之，而是自然演化的结果。

层级组织发展壮大，而网络组织步步萎缩，到了某个节点，这个组织就发展成了我们所熟悉的那种现代组织，从外表、感受和运营上都具备了成熟企业的特征。这个时候，并不是说管理与领导的较量最终以管理占 100% 而领导占 0 为结束。成熟的、管理驱动的层级组织始终拥有一定的领导力，但往往是在组织的高层。整个组织的外表（结构）以及发展引擎（流程）基本上都偏向了第 1 章中的双元驱动组织的左边，即层级组织的一边。

如果网络组织没有完全消失，你会在层级组织的大背景下发现一些零星的网络组织。或者在层级组织的角落，可能埋藏着不可见的、非正式的组织，而不再作为整个系统的一部分。一些之前的知识和实践可能依然保留在组织中，并发展为其他的形式，比如之前的项目工程师，现在在产品部工作。但是，创业网络组织消失了，与之相应的愿景、激情、敏捷性和速度也消失了。

随着时间的推移，如图 4-3 所示的发展过程，似乎成了组织生命周期的通用模型。这个过程有时是平缓渐进的，有时是快速发展或者间歇式发展的。人们在适应新的运营方式的过程中难免遇到障碍。根深蒂固的习惯，对新的未经检验的事物的恐惧以及自然产生的对科层组织的怀疑，都会带来挑战。

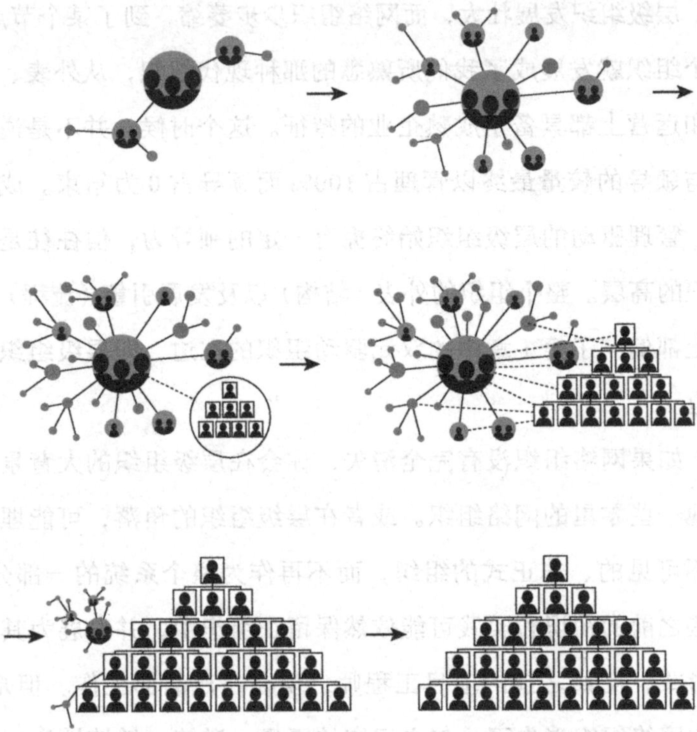

图 4-3　典型的组织发展的生命周期：从网络组织到层级组织

在这个旅程的最后，成功的企业可能已经建立了稳固的市场地位、强大的市场规模、极佳的品牌声誉，以及良好的客户关系。但是，在寻求增长和成功的过程中，却失去了重要的驱动因素。虽然公司存活得很好，源源不断地盈利，但是它没有了最初的创新性、速度和敏捷性。它的增长速度逐渐放慢，而且逐步变得更慢。有时一些更敏捷的竞争对手会抢走很多客户，导致价格竞争，从而侵蚀了利润空间。但是，这个企业有足够的实力、规模和雄厚的资金，可以以这种方式维持一段时间的运营，不至于破产或消失。甚至可能通过一系列“最佳实践”，让成熟、缓慢前进、管理驱动的层级组织继续发展。在过去几十年，我们看到大多数企业都依赖于这样一些最佳实践。但是如今，这些最佳实践越来越成为一种苟延残喘之策。

这些最佳实践有三种形式。领导者曾经用它们——现在仍然在用——在相对静态的环境中取得了很好的业绩。第一种形式是制订和实施一年至几年的计划。公司每年不仅要制定运营计划（展望未来一年），也要制订战略规划（展望未来一年以上）。然后按照常规的方式去执行这些计划，但是在时间上常常超出计划和预算中的安排。第二种形式，是以新的部门（如“战略规划部”“变革管理部”等）、新的人员（填充这些部门的人员）、临时的任务小组（或者“老虎团队”“工作队”等）、组织结构图上不同部分之间新的关系（例如，由高管担任项目组的“赞助人”）壮大层级组织和管理流程。第三种形式，是你试图从外部买入而不是从内部构建新的能力。你收购那些已经实施了你想要的战略或者拥有你想要的敏捷性和速度的企业。第 3 章中的案例包括了三种形式的实践。但前面提到的人力资源 IT 项目主要依赖于第二种形式。

所有这些方法的基本问题是，它们都建立在一个管理驱动的层级组织之上。这个基础是为公司的稳定性、可靠性和效率而建立的。是的，有了好的领导力，你可以通过战略规划与执行的时间框架、各种新部门及任务小组以及收购等方法，帮助企业拥有更快的速度和敏捷性。但是，这个系统的基础和核心，决定了其局限性。

这些最佳实践就像是圣诞树上的装饰品——其中有些看起来是让人赏心悦目的。但不管这些装饰品有多漂亮，这棵树还是一棵圣诞树（在这个案例中，其核心体系依然是为效率和可靠性而设计的管理驱动的层级组织）。如果你不断往树上添加灯泡、彩色纸带和亮晶晶的小星星，这棵树的感召力将大大减少。如果你继续装饰，到了某个点上，这棵树会轰然倒地。根据我的观察，所有的企业，即便是像Facebook和谷歌这样的企业，都无法避免这样的组织发展过程。

4.3 未来的组织

我们应该怎么办？有些人认为，我们应该干脆宣布，成熟的企业是没有希望的，把它们关闭，用新的、更有生气的企业来代替它们。但是，我们根本没有办法解决成千上万从这些企业失业而涌入劳动市场的人的工作。而且，大型的成熟企业运营相当高效，可以以较低的价格提供商品；它们也相当可靠，可以以稳定的质量持续生产物美价廉的商品。

对于成熟企业，今天需要做的，不是关闭它们或击垮它们。它们的出路在于“面向未来”——并非回到企业初建、规模很小的时候。这就是带领企业到达一个所有成功企业都曾经历的阶段。这个阶段就是，企业运用双元驱动组织实现敏捷性、速度、可靠性和效率的阶段。在这个飞速发展的世界，这将是十分理想的运营模式。而且我们知道，创造这样的组织是可能的。成千上万的组织在它们的发展历程中都曾经做到过这一点。

双元驱动组织是所有成功企业发展过程中的一个自然组成部分。我们只是因为多种原因而没有注意到这一点。我们没有刻意地为企业寻求双元驱动组织。当企业正经历双元驱动组织阶段时，它们并没有觉察到自己是如何运营的。成熟企业的大多数人都没有亲身经历双元驱动组织的阶段，因为它发生在企业生命周期的早期。而且，自然产生的双元驱动组织，并不会自然地保存下去。

大约20年前，一些企业开始建立“面向未来”的双元驱动组织。它们往往是处在一场规模巨大的战略变革之中。有一些企业取得了显著的成果。比如GE，其市值从190亿美元增长到了

3500亿美元。这种增长，对于一个成熟行业的老牌大型企业而言，是极为罕见的。再比如IBM，它通过从产品提供商转型为服务提供商，避开了坠入衰落的深渊。我在很多书中还描述了很多不那么知名的企业的做法，包括在《领导变革》《变革之心》《冰山在融化》《紧迫感》以及《认同》。

今天，有少数组织已经开始采取进一步的措施来创造持久的双元驱动组织。这些领先组织所做的探索，迄今为止并没有自然而然地成为其他组织的榜样。这是因为人们还都在探索适合自己企业的道路。虽然因情况不同而有所差异，但基本的模式是一样的，基本的原则也是一样的，并且都受到几个流程的推动。在风险不断增加、经济下行压力极大的背景下，这些措施都带来了很好的结果。

在下一章，我将以一个案例来说明这个过程。

第5章

建立敏捷组织的五个原则和八个加速器

ACCELERATE

BUILDING STRATEGIC AGILITY FOR FASTER-MOVING WORLD

让一个组织加速变革，以更快、更敏捷地应对战略挑战，从来不是一件容易的事。理解领导与管理之间的区别至关重要。了解你的公司在创业初期的运营十分有益，但是建立一个全面的、可持续的双元驱动组织，不是简单地复制过去的模式，或者督促经理人员更多地领导，更少地管理。

在第2章，我简要地描述了建立双元驱动组织的原则和过程。这些原则为双元驱动组织的建立打下了基础。在这些原则指导之下的变革“加速器”流程则是基本的建构模块。一旦将它们运用于处理重大战略挑战和机遇，它们就开始创造双元驱动组织；然后它们会继续从根本上建设和强化这个组织，使之变得更加强大，更能自我维持，从而为组织带来应对这个变化更快、波动更剧烈的世界所需的敏捷性和速度。

这种模式帮助组织发展到新的阶段（这个阶段在本质上类似于企业的早期阶段）。不管你的组织现状如何，都可以启动这种模式。也许你的组织是在管理驱动的层级组织下运营；或是在拥有长期战略规划和实施流程的较成熟层级组织下运营；或是这个层级组织正在发展壮大，不断增加新员工，增加新的部门或汇报关系；或是在以上几种体系之外还存在某种形式的收购；或是处于早期发展阶段的企业，尚未进入成熟状态，但在持续发展，并将在未来经历以上阶段。

为了帮助你理解这个模式是如何运行的，我将像第 3 章一样，提供一个案例。当然，每种情况都有其独特性，但案例将反映一些典型的问题。

5.1　案例：戴维森的分公司

保罗·戴维森是一家 B2B 技术公司的分公司销售总监，在过去 24 个月，这家分公司的销售增长不断下滑。收入还在增长，但是增长速度持续下降。他据此推断，公司的市场份额正在不断缩小。他委托一家外部机构为他提供更多的信息，并提供行动建议。4 个月后，研究报告出炉。数据显示，过去两年，公司的市场份额确实降低了约 4%，使得戴维森的公司市场排名滑落到第五。整个行业是一家独大的格局。

咨询顾问汇报说：导致这种现状的原因，首先是在亚洲市场布局方面，戴维森的公司落后于两家竞争对手。其次，消费者开始更多地通过中间商购买产品，而行业的领军企业在顺应这一趋势上，比戴维森的公司行动更快。没有哪家公司的产品有显著优势。由于公司处于生命周期的下降期，因而在产品方面更加脆弱。数据还显示，由于历史的原因，戴维森的公司的单位平均销售成本过高，特别是相比于行业第一、二名企业而言。成本高意味着利润低。这也导致公司老板不愿意为员工提出的好建议进行投资。

咨询顾问说，想要扭转这种局势，现在要做的，不是进行价格调整，而是做出重大的变革。他们给出了一个清晰的实施流程，与戴维森过去采用过的方法大同小异，即建立一个项目管理团队、几个任务组，任命高管赞助人定期向高管团队汇报。但是戴维森认为，他们提出的这些建议无法在这么短的时间里，创造出企业所需的变革。

带着咨询顾问提供的战略研究报告（除去实施部分），戴维森组织直接下属、分公司总经理，以及公司的 CEO 进行讨论。目的是获取对几个动态计划的支持，并赢得以他认为的合适的方式执行这些计划的空间。CEO 最终表示同意，其他人也没有了异议之后，戴维森开始寻求他认为能满足他的需求的方法。

他偶然看到了一个讨论双元驱动组织发展路径的研究。回忆当初，他说，当时那个研究中有很多关于加速器和层级组织－网络组织的内容他不太理解。但是其背后的原则，至少在直觉上是合理的。

5.2　五个原则

这些原则包括五个方面。组织加速变革需要很多变革领导者，而不只是通常的被任命的几个人。一个管理驱动的层级组织，即便设计得精巧完善，也只能让一小部分人在战略加速计划中担任重要角色，发挥自己的主动性。但是为了让组织行动更快速、更敏捷，必须极大地增加变革参与者的数量。增加 50% 都远远不够，而是要增加 500% 或 1000%。**原则一：你需要大量增加参与制订和执行战略变革计划的人数**。常规的方法，如几个任务组，一两位高管支持者，一两个项目经理，所有职位都由你通常所依赖的那些人来担任，是没有办法成功推动变革。

戴维森还认识到，如果员工不用“我将要做”和“我想要做”取代“我不得不做”的理念，他就无法激发大量的变革推动者。传统的做法是任命一些人——但愿是合适的人——把推动变革当作他们常规工作之外的新任务。在层级组织中，即便任命大量的人来推动变革（这种情况很少），也不足以产生大量充满活力的变革推动者。通常情况下，只能产生一群怀着极大的不情愿参加各种会议的经理和员工。加速器流程之所以能产生显著的成果，是因为它基于一个简单的道理：如果你看到一群活力四射的人正在推动有效的变革，通常你会发现这是因为人们想要这么做，并且公司给了他们这样做的空间。他们绝不是一群忙碌、疲惫，感到自己被迫承担推动变革这项任务的人。所以，**原则二：人们是出于自愿**。

戴维森还了解到，不仅要在头脑层面，还要在心灵层面激发人们的参与。传统科层组织的原则是，好的商业项目和金钱是激励人们接受任命、担任变革推动者的主要因素。网络组织中经过检验的**原则三是：如果人们感到推动变革的任务**是合理的，他们会自愿地想要做这件事，哪怕没有外在利益的激励，也愿意承担额外的工作；如果他们对这项工作有发自内心的热情，他们的这种意愿会更强。有了这种热情，人们将做出超乎想象的成就，而且不需要增加更多的成本。

此外，增加组织内部的领导者既十分关键，也是可行的。这并不是说需要更多的管理。战略性加速网络组织不能一片混乱，其中的具体事务需要管理，但核心的心态和行为都是领导范畴的。例如，不用等待上级命令、主动行动的精神；不是在常规范围内思考需要做什么，而是想象自己能做什么；充满激情地赢得人们对要做什么的决策的支持，创造性地克服前进道路上的障碍，通过不屈不挠的努力把握和利用机会等。它们并不一定是伟大的、类似丘吉尔所做的壮举。它们可以是非常微小的行动，但其成效会不断累积。许多这样的行动累积在一起，就形成了加速重要行动的力量。所以，**原则四：领导力，领导力，领导力**。

最后，戴维森还了解到，**变革加速需要两个组织同时运转，它们必须结合为有机的整体，这是关键性的第五原则**。战略加速器网络要真正有效，必须与管理驱动的层级组织无缝对接，有机结合。只有这样，整个组织才能既高效可靠地完成当下的工作，并保持持续提升，又能凭借其速度和敏捷性应对当今越来越艰巨的战略挑战。

建设和运营网络组织的战略变革加速器就是建立在这样一些基本原则之上。加速器可以保证双元驱动组织——包括网络组织——持续创造成果。以下的八个流程可以保证组织强大的双元驱动组织的持续运营，而不会随着组织生命周期的自然发展而消失。

5.3　加速器 1：围绕重大机会建立紧迫感

戴维森召集销售部门的 10 位高管，举行了一个为期 1 天的会议。他告诉团队，他越来越清楚他们需要做什么：需要有更广泛的经销商网络来购买和分销他们的产品；需要能够更快地把新产品推向市场；需要更聚焦于快速增长的亚洲市场；需要降低销售运营成本。他说，这些挑战也带来了机遇，让他们可以为整个事业部而不只是分公司带来重要影响。但是他强烈地感觉到，他们必须快速行动。他还告诉他们，咨询顾问已经分析清楚，分公司运营费用过高，因此，雇用新的人员来加速任何战略行动是不太现实的。所以他们需要现有人员有更大的产出。仅仅是给他们施加更大的压力不是解决问题的办法，因为很多人工作时间已经很长了。

他说，目前他们面临的挑战，就是启动一个流程，营造高度的紧迫感，让尽可能多的人理解组织在战略上的需求和机遇。

戴维森让团队成员向大家清晰地阐述目前的巨大机会及其影响，尽量让每一个在场的人都认同这一机遇。他希望阐述要积极、简短、清晰、充满活力——不要有任何悲观的论调或谈及威胁性的后果。他还希望这个阐述能让最善于分析的人都难以反驳。最重要的是，这个阐述要能够动员尽可能多的人，让他们每天早上愿意起床为企业必要的战略变革做出贡献，不会袖手旁观，不会抵制变革，不会一盘散沙，各自为政。而这一切的前提，戴维森说，就是他的团队要撰写一个阐述文本，一个让他们发自内心相信并且能够激励他们自己的文本。他明确指出，重点不是撰写“激励性的讲话”，而是要提交给宣传部门去层层传达。

他们从客户购买趋势、技术变化和竞争对手的做法开始谈起，到下午 4 点，通过有效的引导以及小组和大组的讨论，在积极的氛围中，他们开始围绕以下大纲，拟定一个简单的陈述，包括四个方面：

- 我们相信，我们目前面临着一个机会，可以让我们的销售额在两年之内取得显著增长，成为行业中的最佳销售团队。
- 这个目标是现实可行的，因为①客户需求正在发生变化，迫使竞争对手做出变革，但是他们不一定能够足够迅速地做出变革；②发展中国家的市场需求开始爆炸性地增长；③我们公司目前的运营效率显然还有提升空间。
- 我们还没有足够快速地做出变革，以跟上外部需求变化的步伐，虽然我们有优秀的员工。我们能够更快地变革——实际上，在我们企业规模还较小的时候，我们就曾做到过。
- 如果我们能够成功实施这次变革，我们就一定能够创造出一个成功的区域公司，到时候我们所有人都会为自己是这个组织的一员而感到深深的自豪。

这些听起来可能并不那么令人兴奋。但当会议结束时，几乎一半的高管团队成员都受到了明显激励。为什么？因为这些人对现状并不满意，他们看起来非常希望投入到组织激进的变革计划中。还有一些人也持支持态度，因为他们理解变革是必要的；他们知道无论这样的战略变革会带来什么结果，他们都早该这样做了；而且他们相信，如果他们能以一些简单的理念让更多的销售人员和销售经理团结到变革计划中来，将会很有帮助。只有两位高管不理解这个计划能起什么作用，他们担心这会给企业带来业绩滑坡的风险。

欧洲分部在法兰克福的区域总经理持第一种态度。他在大学时曾经是个运动员，他一向认为，凡事要做就做第一，要夺就夺金牌。销售部的财务总监持第二种态度。他倾向于大幅削减每个人的预算，以解决运营费用过高的问题。但是老练的他知道，有些分部（如欧洲分部）可能会公开抵制这一点，那样的话不知道会带来什么后果。而且，他们所做的机会陈述对收入的增长做出了大胆的预测，却丝毫没有谈到增加人员或其他费用，这让他可以在探讨预算时把谈话推动到他认为合理的方向上。两个持怀疑态度的人，一个管理着规模最大也问题最多的区域。他持怀疑态度的原因是多方面的：他的组织没有承担更多工作的能力；他是一个很注重控制的管理者，不喜欢这个新的计划中所包含的那些不确定性；他害怕到头来他无法实现组织的期望；而且很可能，他担心他会被安排到一个有政治风险的位置。

会议结束时，持第一种态度的一位高管主动请缨，要组建一个团队来继续当天开启的工作——在组织内营造高度的战略紧迫感。戴维森坚持不另设任务组，所以团队最终由 21 位来自全球各地的志愿者组成。作为一个团队，这 21 位成员在企业中有很高的威信，来自不同的层级。他们希望企业能够更快地做出变革，并且从理智和情感上都非常拥护这份被命名为“重大机会”的陈述。这些人一致通过了一个有野心的目标：让拥有 4000 名员工的销售部中，至少有一半的人支持这个计划，并参与到行动中来。

这个“紧迫感团队”花了三个月的时间来设计和实施这些想法，以推动组织建立对“重大机会”陈述的广泛理解、激情和承诺。他们每两周举办一次团队电话会议，实际工作则分为 10 个小组分头进行，每个小组的工作略有不同。

这个团队组织销售人员举行会议，为一线销售经理调动他们的团队设计支持材料，并且在内部网站上提供了大量的信息、视频、文章以及销售人员发生变革的故事。10 个小组都充满创意，而且都有一股不屈不挠的韧劲。

他们抓住机会，充分利用为期三天的年度销售管理会议。这一会议在“紧迫感团队”成立后一个月举行。当年的会议主题是云计算，计划参与人数是 400 人，请了一些外部和内部的人来做演讲。一个小组说服会议组织者修改了约 1/4 的日程，让会议直接或间接地聚焦到紧迫感陈述、战略可能性和变革必要性上来。

会议中，团队的一些重要想法没有得到应有的关注。一些嘻嘻闹闹的人倒对所分发的“我支持，我参与”的胸针饶有兴趣。“紧迫感团队”中一位年龄较长、德高望重的成员即兴做了一个 20 分钟的演讲，起到了很大的作用。他谈到了他最初为何会加入公司，以及在退休之前，他最希望看到什么。这场演讲感动了现场的很多人。

这次活动很快产生了意想不到的效果：一些人马上开始谈论各种可以推动组织把握好这次机会的小小行动。积少成多，这些行动汇集在一起产生了很有意义的成果。不管这些成果有多小，它们都是胜利的成果。“紧迫感团队”紧跟这些小成果，并在内部网站上大力宣传。

“紧迫感团队”很快就看到了成功的苗头；但是在季度末的时候，这一紧迫感又趋于平缓，因为所有人都铆足劲地在冲刺季度销售目标；然后，随着越来越多的人开始谈论“重大机会”，这个项目在组织中的热度又不断攀升。

5.4 加速器 2：组建和完善领导团队

就在“紧迫感团队”打算宣告他们的目标达成，项目接近尾声之前，戴维森发出了一封邮件，说在他想要建立的新型组织中，有一些为期一年的核心职位需要人选，请大家主动申请。申请表要求申请者填写为什么想要加入领导团队（GC），打算如何管理新增的工作量，对于把握“重大机会”有什么好想法。其中简要地描述了将做些什么：征召并指导其他愿意按照“重大机会”陈述中的四点纲要，推动组织前进的志愿参与者。虽然任务还很模糊，而且要求在本职工作之外兼任这项任务，但还是有210人提交了35个职位的申请表。

那些持怀疑态度的人感到很惊讶，居然有这么多人申请。但是，就像戴维森高管团队的一位成员所说，这个数字并非过高，而是合理的。在那次的紧迫感动员会之后，这家分公司有2000多人表示愿意加入这场活动。其中，仅有10%的人自愿申请了兼任职位。就“紧迫感团队”所做的努力而言，10%难道算得上是一个令人惊讶的数字吗？

“紧迫感团队”的一个小组从申请者中筛选出35位代表。所选中的人绝大部分来自中层及以下。公司在世界各地的分支都有相应的代表人选。两个直接向戴维森汇报的人也入选了，还有三位高管或行政助理。这些人之所以入选，除了其他的标准，原因还有：他们写的申请很有感召力；他们被普遍认为在他们日常接触的人群中很有威信；看起来没有过分政治化的动机，只是希望在职业生涯中出彩，或促进他们所在区域的业务发展。销售部高管只坚持要做出一项变革：去掉其中一人，这个人已经在一项工作中处于120%的超负荷工作的状态。然后戴维森立刻向这35人发去通知，告诉他们已经入选，以及入选原因，并感谢他们自愿参与，帮助组织在这场重要的旅程中加速前行。他也给那些没有入选的人发去了邮件，告诉他们他也非常需要他们发挥领导力，帮助组织在“重大机会”中获取胜利，只是现在还不到时候。

领导团队全体成员在外部召开了一个为期两天的会议。会议没有一位正式的领导者，只有一位引导师进行引导。后来的会议和电话会议也是如此。会上对本书第1、2章谈到的材料版本进行了讨论，并开展了丰富的团队熔炼和团队建设活动。同时对“重大机会”陈述进行了讨论。戴维森亲自出席了会议。他感谢大家热情参与，愿意加入到将为组织带来巨大变革的行动中来。

一开始，大家也有很多疑问。我们到底要做什么？怎么做？时间安排是怎样的？谁负责？虽然已经向大家解释什么是双元驱动组织，给大家讲相关的案例有一些帮助，但是要完全解释清楚一件大家从未经历过的事情，一开始是有难度的。所以，最初两天的会议聚焦在一个简单的信息上：你面前有一个机会，可以推动组织发生战略性的重大变革。我们知道这是可能实现的，因为其他公司像你们一样的人已经成功了。

毫不意外，人们最初对于各自在领导团队中的正式位置有一些尴尬，因为初级人员与高级人员都在一起工作。但是，由于整个团队有着良好的基调和互动，一种新的、更加灵活的、任人唯贤的组织机制开始慢慢出现：在任何项目中，都由掌握信息最多，有最好的人际联系、最大的动力、最好的技能的人来担任领导——不一定是在层级组织中职位最高的人。

5.5　加速器 3：设计变革愿景与战略性变革活动

领导团队形成以后，首要的事情是草拟一个变革愿景，并列出他们可以在其他志愿者的帮助下集中精力实施的战略措施。他们的逻辑是：他们越能设想出未来的愿景，越能聚焦于将愿景变成现实的具体行动；所有的事情与“重大机会”陈述越保持一致越好。在总部的投入下，经过戴维森授权的外部机构的研究以及组织上下同事们的支持，他们的愿景陈述初步拟定如下：

在 12 个月内，分公司的市场份额将通过以下方式达到近年的最高：

①更好地发挥中间商的作用。②在新兴市场的增长率提高一倍。③在所有工作中发挥创新的作用。④做重要决定的时间减少一半（例如，不再是 1 个月而是两周。）我们将聘请一群充满自

豪感和激情的人，以高昂的士气，让我们公司成为最受尊敬的销售公司，以及最好的工作场所。

当这份愿景陈述提交给销售高管团队时，尽管其中一两位本来想否决这个陈述，但其他多数人都认为，这份陈述有一种让人眼前一亮的宏大气魄。他们很高兴公司员工对宏大的目标衷心拥护，并且是自发自愿地这么做的。

然后，领导团队对即将采取的战略措施进行了筛选，从近20项中选出了最有助于实现愿景、抓住“重大机会”的5项，包括征召和聘请拥有亚洲经验的优秀人才（这在本行业是个难题，因为拥有此类经验的优秀人才供不应求），让引入新产品的流程更快、更高效（这是一个越来越迫切的问题，因为产品生命周期变短了，而且公司存在早期遗留的销售与工程师之间的矛盾问题）。

这份战略措施清单被提交给了销售高管团队，他们大部分人对此热情高涨。他们讨论了协调一致的问题——这些战略措施与层级组织的运营规划、具体的项目运作、咨询报告、“重大机会”、变革愿景之间的协调一致。最后认为，战略清单没有明显问题。但是他们担心领导团队是否操之过急，企图在短时间内完成太多的事情。领导团队在两周一次的电话会议上讨论了这个建议，最后决定把其中一项措施的时间延长。

在传统层级组织与新的网络组织同时运转的过程中，领导团队与销售高管团队的关系变得更加重要，但又很微妙。最初，销售高管团队会让领导团队在会议日程中处理更多常规性的问题（例如，关于某个大客户的具体问题，或一位项目经理建议在亚洲设立两个办事处。）结果不可避免地导致：领导团队更像是层级组织的一个新的分支，一个新的向高管们汇报的小组，更类似于企业并购后的组织结构。这导致领导团队士气低落了下来。畅通的交流受阻，互动变得更加谨慎。但有人发现了这些问题，并很快毫无保留地说了出来。

戴维森请来高管教练帮助厘清销售高管团队与领导团队应该如何相处。在教练的帮助之下，两个团队都明白了，他们需要定期沟通以保持一致。销售高管团队也更多地了解了其在这个新系统中的角色——即为层级组织做出表率，允许网络组织成长并为组织做出贡献。戴维森也更多地了解了自己的角色——即领导这场变革，而不是管理，或试图充当领导团队的领导者。他发现，他本人做出表率是非常重要的，比如为领导团队取得的成功喝彩；把领导团队当作一个合作伙伴而不是一个传统的任务小组。

在教练的帮助下，领导团队与销售高管团队之间的关系发生了变化。这种变化不是一夜之间发生的，但确实发生了。双方的沟通更加顺畅，也更加坦诚。领导团队的积极性也高涨起来——

这主要是因为他们看到，平台已经为他们搭建好了，他们完全有机会为这个销售组织带来战略性的巨大变化。

5.6 加速器 4 和 5：征召志愿者，推动变革措施

领导团队如何将他们所制定的变革愿景，以及相应的战略措施推向整个分公司呢？他们对最初采用的“紧迫感团队”的做法进行了扩展和放大，采用了培训、传播工具、内部网站以及面对面的谈话等方法，特别是面对面的谈话，被证明是特别有效的。团队成员向同事们谈的越多，就有越多的人被卷入到这场变革中来——一开始是谨慎或冒险的“早期的接受者”，然后一些人变成“早期的多数人”。我曾参加领导团队的一次午餐谈话，谈话结束时，我旁边的一个人带着平静的微笑说：**“我生平第一次，理解了我们需要去哪里，以及如何去，而且我觉得很合理！”**

6 个月之后，领导团队已经启动了 5 项主要的战略措施，每项措施又包含一个或多个子项目。以聘请有亚洲经验的优秀人才为例，这项措施就催生了一个培养新人以加速在亚洲市场行动的子项目。负责子项目的团队会问自己：什么是阻碍这项措施的障碍？由此，他们的主要工作都聚焦于消除障碍，在正确的方向上加速行动。

这些团队通过谈话、邮件或会议进行必要的沟通。在两周一次的电话会议上，大家汇报进展，分享信息，征集好的想法，并寻求帮助（比如，谁有日本市场的工作经验？）。领导团队中的来自销售高管团队的成员发挥的作用是，保证职位较低的成员获得来自高管层的必要的信息，以便做出合理的决策，避免凡事凭经验的倾向，同时也避免领导团队从组织中脱离开来。职位较低的成员则会带来很多一线的信息，这些信息通常不会向上传递到销售高管团队（即便传递，速度也极慢）。这带来了一个明显的成果：小的创新想法汇集在一起，不断发展。销售高管团队的两个领导很折服，称战略加速网络是公司的"员工创新网络"。另一个显著的成果是，在所有这些成功活动的征召下，又有 100 多人自愿加入了战略加速网络组织，如图 5-1 所示。

有趣的是，他们发现，他们所做的大部分工作并不是找到和产生全新的好点子，而是消除这些点子变成现实的障碍。很快，他们发现，很多有助于推动更快速的行动以抓住机会的创新解决方案都被隐藏在了各个地方——有时，埋藏在层级组织中，没有被戴维森的高管团队看到；有时，埋藏在某些人的头脑里，因为他们被教导不要过多发表意见；或者埋藏在某些人的心里，因为他们认为提出超出自己工作范围的点子是越俎代庖。不断发展壮大的网络组织中的人们越来越以问题为导向，并以建设性的方式解决问题。比如，他们会关注，什么是最好的点子？为什么这个好的点子没有得到认可和实施？障碍是什么？我们如何克服障碍？哪些制度、人员或文化假设构成了行动的阻碍？谁会做什么，在什么时候？这个方法在过去用得如何？为什么我们下次还要尝试这种方法？

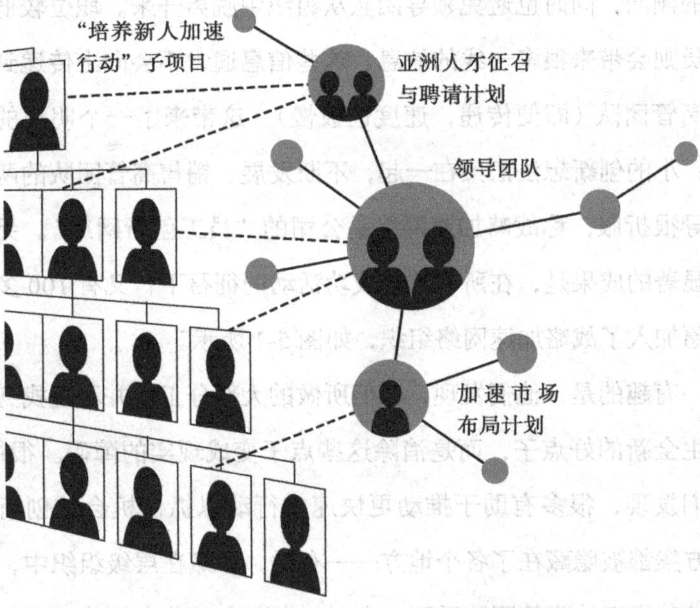

图 5-1　戴维森的早期双元驱动组织

后来，他们回忆起这一年的经历才明白，这一年所面临的障碍中有一个很重要的因素，那就是直接向戴维森汇报的人中权力最大的一位，本身讨厌双元驱动组织、“重大机会”、志愿者以及领导团队的整套想法。他对这些有很多的疑问，而且看不到这些问题会得到解决。例如，他没有一个可以跟踪这些由志愿者领导的战略变革活动的流程。由于他所负责的部门业绩压力很大，他一直担心一些不好的决策和行动，哪怕是由善意的人做出来的，都会分散大家的注意力，浪费大家的时间，导致他无法实现业绩目标。因此，他没有做任何事情来支持这个网络组织，而且把他的人从一些项目中调离，让他们专心做好自己的“本职工作”。他也从不表扬他的下属为网络组织的工作付出了 150% 的努力，即使他们完成了创新而有意义的成果，只要不属于他本部门的工作，他连一封祝贺邮件都不会发。只要有机会，他就在非正式的谈话中，向同事提出各种问题，质问他们这套新系统带来了什么样的风险。但是，他的下属（只有一个例外）其实并没有推卸自己常规的工作。为什么？因为那些参与到战略加速器网络中的人对这项工作充满了激情，因此，他们有充足的精力，能够在完成本职工作的同时还承担这部分工作，也没有出现影响短期目标实现的错误决策。为什么？由于决策是在来自不同部门、不同层级的广泛信息的基础上做出的，因而做出错误决策的概率大大降低。此外，网络组织所取得的小的胜利开始让他刮目相看。而且，他看到他部门的同事士气有提升的迹象，因为参与变革活动的同事对他们所做的事确实充满热情，感染了大家。

当然，在推动变革项目的过程中，最初难免会出现一些错误。例如，一个团队启动了两个小项目，但事先没有确认层级组织中是否有类似的活动在进行。这两个项目，一个是重新制定与新的中间商签署的合同中的一些条款；另一个是修改他们与行业排名第二的竞争者展开激烈竞争时的价值主张陈述。层级组织中的一些管理者和员工发现这一点以后，非常愤怒，变得很有防御性，想要捍卫自己的地盘。由此导致的矛盾浪费了时间和资源，也使双方关系变得紧张。但是网络组织中的人们很快就了解到了问题所在，并拟定了一个简单的约定，保证这种事情再也不会发生。

5.7 加速器 6 ~ 8：胜利，胜利，更多的胜利

网络组织很快开始取得一个又一个小胜利，而且胜利的数量和影响范围都不断扩大。大约 6 个月后，第一个大型的、引人注目的胜利出现了：一个新的、简单实用的 IT 销售工具开发成功，并投入使用，而且用时很短，成本很低。

IT 一直是这家分公司的弱项。之前的 IT 系统不仅没有帮助提升收入，而且很可能在起阻碍作用——让员工感到沮丧，浪费

他们本可以用于打销售电话的时间。数据输入非常复杂，耗费很多时间，实时的汇报并没有提供销售代表最需要的信息。一个项目团队对用户进行了访谈，以理解这个系统为什么不好用。然后项目团队开始求助于潜在的志愿者们，也就是那些在“紧迫感活动”之后“举了手”的 2000 多人。他们向其中的 100 个人——其中不乏 IT 专家——发了封求助邮件。在四天之内收到了 35 封积极的回信。然后，在两周之内，与其中的 20 人举行了电话会议。

他们开发新工具遇到的最大障碍既不是技术问题，也不是经济问题，而是 IT 部门的层级组织。其中一部分人担心，他们会因为没能开发出销售人员喜欢的工具而受到责备。一开始，他们推脱说，他们正在开发新的工具，不需要任何帮助。然后，他们又提出质疑，说是 IT 工具真的有问题，还是销售人员不会使用。但是，项目团队运用了通过双元驱动组织的教育或自身痛苦的经历学到的经验：**始终保持尊重；永远记住，这些障碍是正常的，它们源于人类的本性，以及层级组织的工作方式**。在这件事情上，他们开始向所有询问这件事情的人传播，IT 部门同事已经是在超负荷工作了，他们没有余力开发下一代的工具。通过这种方式，他们逐步减少了 IT 部门人员的抵制。

一个由高度投入的人群组成的多样化的团队通过对话产生

了一个又一个新点子。这些人之前一直没有一个交流机制，也没想过要交流。其中包括一线销售人员、IT 专业人员、销售管理者以及财务人员。可能经过检验会发现，其中很多点子是不现实的，但也不乏一些非常聪明的点子。

他们首先在小范围内对由团队中的程序员全新设计的软件进行了试用。销售人员和他们的经理都很喜欢这个终端产品，于是把它推广到了整个分公司。重要的一点是，推动这次变革的团队还保证大家都分享到了人们对软件的赞誉，特别是 IT 部门的员工和管理者。

这个项目的成功，让组织中的所有人都注意到了，也提高了网络组织的信誉，加速了其他重要战略措施的进展。更多的人加入了网络组织中，展现了他们的领导力，变得积极主动，不屈不挠，面对障碍永不放弃，因为他们能够看到他们将实现什么。领导团队在一年的任期之内完成的小项目越来越多，以至于无法跟踪每一个项目的情况。但是一个子项目团队尝试着画出图 5-2 来描绘所有项目的整体情况。

当然，在这个过程中，他们也犯了很多错误。但是，这个系统不断改进。截止到我写作本书时，领导团队已经发展到 4.0 版本，毫无疑问比以往任何时候都更加完善。它依然在不断变化，变得更大、更强。

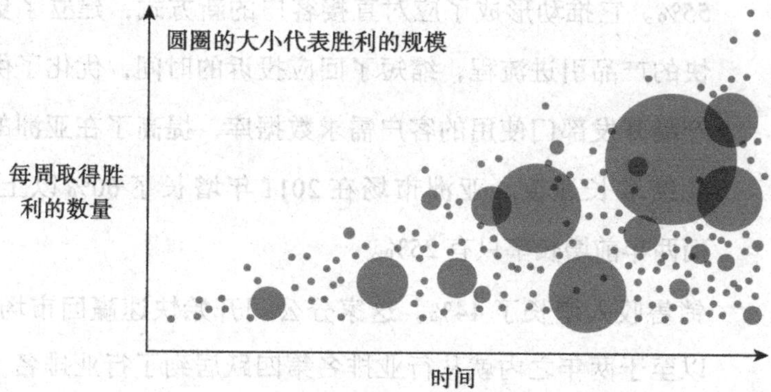

图 5-2　取得的胜利

网络组织迄今为止取得的最大成果已经变成了层级组织中的惯例，整合到了企业日常的运营中。如果某些战略变革措施不能适应某些方面的公司文化，相关的团队会寻找方法在那种文化中培育变革。在某种程度上，如果新的方法产生的结果会更好，变革会自然而然发生；但是有时候，如果变革确实很大，进行一些过程培育就是必要的。

5.8　用结果来证明

两年后，面对最严峻的战略挑战，运用双元驱动组织模式的结果是惊人的——超出了戴维森最为大胆的预期。

- 这个双元驱动组织使得合作伙伴关系的创建速度提升了

55%。它推动形成了应对直接客户的新方式，建立了更快的产品引进流程，缩短了回应投诉的时间，优化了供产品开发部门使用的客户需求数据库，提高了在亚洲的业绩增长速度。亚洲市场在 2011 年增长了 60% 以上，而两年前增长率只有 25%。

- 销售收入增长了 44%。这家分公司开始快速赢回市场，以至于两年之内就从行业排名第四跃居到了行业排名第二。
- 收入增长和成本降低，使得营业利润增加了 300%。
- 公司市值增长了 155%，超过了 100 亿美元（这个巨额的数字不太合理，但有时这种事情就是会发生）
- 公司的声誉陡增，从优秀雇主变成了最佳雇主，征召了更多的顶尖人才。

最初，当戴维森的公司开始建立新的双元驱动组织的运营方式时，谁也没有想到会有这些结果，无论是企业内部的人还是外部的人。所有人都没有任何参照系，可以用来思考这家分公司在其短暂的生命周期中发生的变化，以及变化的结果。没有人见过一个建立双元驱动组织的成熟组织，其中，不仅当前的工作可以可靠、高效地完成，而且整合的网络组织还能调动起一支队伍来快速应对战略性的挑战，而且并不增加额外的成本。

5.9 来自其他案例的证据

戴维森的公司只是其中一个案例。我和我的同事还见证过其他先行组织所作出的努力带来的惊人成果。

- 一家联邦政府组织，因为合理的原因本来是要关闭的，最后却通过变革成为一家示范机构。
- 一家数年没有任何增长的能源企业，原本没有任何体系或流程来实现哪怕是很小的增长，更没有应对快速增长或把握新的市场机会的能力，却在三年之内通过变革加速，使得其规模和能力翻了一番。
- 一家制药企业因为推出几种前景广阔的产品，带来了可观的增长机会，在一年之内实现了三年的增长目标。
- 一家医疗产品公司面对一个清晰的战略机会，建立了足够的紧迫感，在6个月内，其增长速度就像驾车从每小时60英里，提高到了每小时90英里（财务分析师看到了这一点，导致该公司市值大幅增长）。
- 美国军事部门的一家中型组织，其运营的基本方法几十年都没有太大的变化，但是后来因为面对巨大的压力，需要做出巨大的战略变革。最终在18个月内成功实现了效率和能力的大幅提升，完成了新的任务，并建立了一个常态化的新型网络组织，以继续帮助其满足新的要求，而不是故步自封。

- 一家全球消费品企业的供应链组织，过去虽然采用了所有的现代质量管理和精益生产技术来改进效率和提升全球化能力，但是收效平平。在18个月内，这个组织开始加速实现重要的战略变革，使得新的产量让高管、经理和员工们感到震惊。
- 一家专业的财务服务公司，尽管非常保守，却在20个月之内实现市值增长65%（而三年前，行业分析师还预测，它会被别的公司以低廉的价格收购，最后被拆分，从而不复存在）。

事实上，在这些案例中，为高级副总裁、海军上将、CEO和市场总监创造了惊人成果的双元驱动组织，并没有在胜利庆祝仪式之后销声匿迹，而是持续存在下去了。这些案例中只有一家，最终层级组织成功地把网络组织变成了一个次要角色。在其他企业，新的更快、更敏捷的企业能力不断发展，并加速带来利润的增长和其他持续的收益。

第6章

以身作则、坚持不懈地建立紧迫感

ACCELERATE

BUILDING STRATEGIC AGILITY FOR FASTER-MOVING WORLD

我们大家都知道，变革并不容易。较大规模的战略性变革充满挑战。虽然我们谈了很多具体的挑战，比如变革市场推广战略，变革全球人力资源 IT 系统，变革关键部门的组织结构，变革重要的政策或产品，但核心的问题往往是关于人的。人们不想要改变，所以不会清晰地思考需要做什么，也不会关注别人提出的合理建议。他们宁愿按照过去已成惯例的流程来选择和实施新的全球化人力资源 IT 系统，而这样的方式未免太慢，成本太高。当目前的政策和产品已经不合时宜，他们却会认为还不错。

这里的问题不难看出。习惯让我们在原路上徘徊。如果我们被推往一个我们并不理解的新方向，我们会心生抗拒。我们会顽固地坚守我们认为重要的东西，并担心失去它们。这是人类的本性。

但是，也有一些不可见的力量在发挥作用，它们影响更大，因为它们是“系统性”的。对于“人”，我们比较好理解，比如弗雷德，他看起来不喜欢任何新事物；一位中层经理，在我们应对一场严峻的战略挑战时，顽固得像一块巨大的岩石。但对于“组织系统”，我们却很难看到它存在的问题，更不用说理解它——在这里，这个系统就是管理驱动的层级组织。

管理驱动的层级组织是为实现当前的可靠性和效率而建立，是与重大变革背道而驰的，尤其与双元驱动组织这样重大的变革背道而驰。这主要是因为其各自为阵的部门、层级、规则、短期规划以及狭窄的工作范围滋长了自满情绪，而集体的自满会让组织不思进取，停滞不前。

解决这个问题唯一的方法，是创造一股足够强大的力量来减少和抵消这种阻碍重大变革的系统性倾向。传统的任务小组、奖金、战略措施、项目管理小组或战略咨询顾问都不足以创造这种力量。只有第一加速器，即树立和维持一种强烈的紧迫感，才可以让大量的人聚焦到“重大机会”上来。

我所说的紧迫感，是指企业中的多数人每天早上醒来的时候，在他们的头脑中或心里，都有一种强烈的渴望，想要做一些什么，以帮助组织把握重大的战略机会。如果这么多人都能心往一处想、劲往一处使，企业就会产生一种目标明确、充满激情的强大力量。这种力量正是成功的创业公司特有的那种力量。当你第一次在人们的实际行动中亲眼看到这股力量时——即便是在小型公司，而不是大型的成熟企业——那一定是震撼人心的。

如果说有一个秘密武器可以帮助企业加速变革，并突破重重障碍，创造全新的运营方式，那就是“第一加速器建立紧迫感”，如图 6-1 所示。

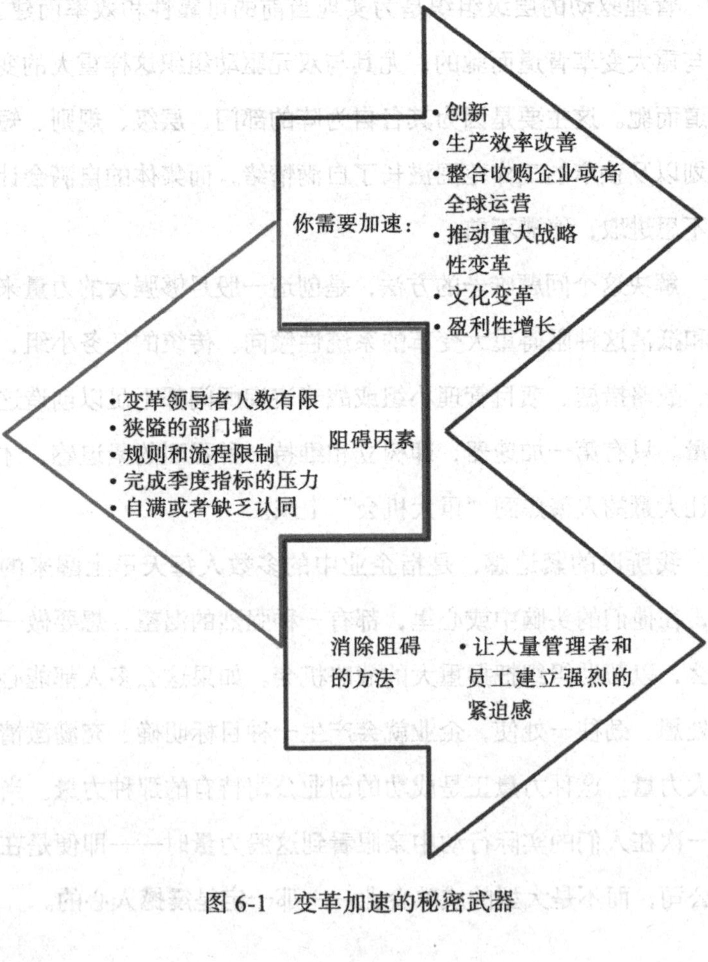

图 6-1　变革加速的秘密武器

6.1　紧迫感、自满及虚假的紧迫感

当人们围绕一个巨大的战略机会产生真正的紧迫感时，他们每天会自觉地寻找他们能做的事，以推动企业把握这个机会。如果这需要找到一种创新的方式来让大家理解这个机会并增强紧迫感，他们就会这样做。如果这需要鼓励并庆祝小的胜利，让大家对未来前景更充满信心，他们就会这样做。他们在理智和情感上对于应对外部动荡环境和激烈竞争的决心，始终体现在他们的行动中。

自满则是这种状态的反面。自满的人们看不到有什么理由要做出变革。他们也不会想要去寻找方法增加企业的竞争优势。他们大多数人只是想日复一日地做他们已经熟悉的工作。有时候，他们也可能会致力于解决某个问题，使得企业可以持续创造可靠的成果，甚至也会有对这项工作的紧迫感。但是，他们所处理的问题往往是比较小的非战略性问题。这些问题往往会在短时间之内由小部分人解决，目标是将整个组织带回到平衡的状态。

设计完美、管理良好的层级组织很善于处理这样的事情：修理导致 4 号装配线关闭的机器；应对一位在电话中尖声抱怨服务差劲的客户；完成老板临时安排并要求周五早上 9 点放到他桌上

的一份报告。有时候，人们可能忙忙碌碌地参加各种会议，或者忙于完成一个又一个报告。从远处看，这一切给人一种围绕重要的事情具有强烈紧迫感的错觉。但是这些行为其实只是一种受焦虑推动的虚假的紧迫感。在这种心态之下，人们的行为通常是出于自我保护，而不是为了卓有成效地推动组织赢得繁荣的未来。

人们永远不会承认自己自满。没有人会告诉你，自满是一件好事情。但是这个世界却充满了自满，即便是最能干的人有时也会忽略这一点。这个让他们获得晋升的组织蒙蔽了他们的双眼，让他们看不到这种自满。在组织的高层看来，巨大的战略问题和机会都非常明显。所以 CEO 和高管无法想象其他人看不到这些挑战，感觉不到一种应对这些挑战的紧迫感。但是事实上，其他人就是没有看到和感受到，其中的原因其实很好理解。

比如：

- 公司的市场份额受到冲击，企业面临的重大挑战要求对营销战略、销售团队和客户服务做出变革。这不是一个秘密：《华尔街日报》上几乎每天都有探讨这种情况的文章。所以，高层管理者不可能不因这个“燃烧着的平台”而产生强烈的紧迫感。具有强烈紧迫感的高管们通常假定，公司中的每个人都有同样的感受。但是事实上，员工根本没有紧迫感。他们每天跑来跑去参加各种会议，处理各种短期的问题或危机，几乎没有人会讨论《华尔街日报》，甚至大多数人根本不读《华尔街日报》。

- 研发部开发了一种新技术，带来了产品创新的巨大机会，这可能为公司收入带来大幅增长，从而使公司跃居行业第一。但是将这项新技术投入使用，需要在生产制造方面进行五六项创新。这一点所有管理者都清楚。CEO 进行了深思熟虑，大部分中层管理者也听说了这项新技术。但是管理驱动的层级组织给他们的压力是每天保证完成固定的产量，每周处理 50 个问题以保证产品按时保质保量地生产出来。在每一次的两小时会议上，高层都会谈及这项新技术带来的机会，开发这项技术需要的资源，以及需要对生产制造方面做出的创新。但工厂经理们可能只花两分钟来关注这些问题。那些花较更多时间来关注这个问题的人，其实是把时间花在了在非正式的闲谈中交流自己的种种担心。而一线的工人则可能只花两秒钟来关注这件事情。

- 基于过去10年的广泛研究，陆军总部要求阿拉巴马的一家军事机构进行一次根本性的转型。这意味着要进行一次大规模的重组。在几个月的时间里，关于这一问题的热议从五角大楼蔓延到了整个华盛顿。似乎可以说是无人不知。但事实上，华盛顿之外的很多人确实可能完全没听说。而这家军事机构中那些听到了这些热议的人，他们根据经验认为，来自华盛顿的传言通常是一种临时性政治，是不会持久的，因此他们大都忽视了这些传言。之所以说是“传言”，是因为信息无法以正常的渠道畅通地传播到远在1000英里以外的人们当中，更难以传播到职位较低的人们那里。

即便有清晰的证据表明，战略上的自满和虚假的紧迫感正四处蔓延，我们也通常会解释为，那是因为人们抗拒变革而产生的沮丧感。这可能是问题的一部分，但更重要的问题是系统性的。也就是说，管理驱动的层级组织会一边系统性地制造此起彼伏的自满，一边通过施加过大的压力，制造虚假的紧迫感。部门割据限制了人们的视野，让人们看不到整体的组织，也就看不到整体的机会与威胁。狭隘的工作设置释放的信号是，只要你做好了自己本职的工作，你就是好样的。管理流程往往将人们的注意力聚焦于内——关注预算、规划、员工、指标等。过分的向内关注意味着更少关注外部的战略机会与威胁。层级组织中的多层级设置为顺畅的沟通带来了挑战，所以即便是高层的少数人产生了关于巨大机会的紧迫感，这个信息也很难清晰无误、广泛地传向基层。管理流程通常过分关注指标，过于注重分析，而切断了人们对于工作的情感联系，同时也就切断了必要的能量和热情。运转良好的层级组织不欢迎任何情感。因为感受、想法都不易于管理，可能给组织系统的稳定可靠带来破坏而不是帮助。

如果真是这样，我们还有机会唤起大多数人对于巨大的战略机会的紧迫感吗？其实，机会是有的，只是需要采取一些与今天企业的常规做法截然不同的行动。

6.2　关注外部，开放思路

要发挥战略性紧迫感的巨大潜力，首先需要人们了解他们周遭在发生什么，认真地思考这些意味着什么，对新的可能性持开放态度，并为之感到兴奋。

聚焦于内部的组织或部门可能都是这样的人：他们对外部越来越迅猛的变化浑然不觉，也完全没有意识到这要求他们的企业做出重大的变革。因此，要"把外部变化引入内部"，需要运用一切可能的沟通机制，向内部输入外部的真实情况。"把外部变化引入内部"的方法包括，请外部嘉宾在会议上发表演讲，送员工去参观面临着相似的机会或挑战的企业，选择性地雇佣那些能够看到和理解企业所面临的外部变化的员工；或者重视那些处于观察外部形势的有利位置的员工提供的一线信息（例如，销售人员需要对客户进行实地拜访）。要让员工和经理更多地了解外部情况，方法其实很多。

建立战略性紧迫感意味着要指出外部危险和潜在危机。在这个过程中，一定要谈到危机中蕴藏的新的可能性和机会。

通常，人们指出危机或潜在的危机，目的是为了吓唬大家。这是一种帮助人们克服自满的方式。在某些情况下，人们确实需要一个警醒，或者当头棒喝。但是反复采用这种吓唬方式，无异于高呼“狼来了”，最后人们将无动于衷。大量证据显示，将人们的注意力吸引过来，向人们展示未来的机会，比告诉他们未来面临的威胁或灾难，更能调动起他们尝试新事物的意愿。那些很快从2008 ~ 2009年的金融危机中振作起来的企业，用我的一位同事的话说，正是得益于他们在面临风暴时，花了较少的时间来建造“挡风棚”，而花了更多的时间去建造“风车”。

要有效地为企业注入一种紧迫感，需要对经理和员工们已经采取的行动以及取得的成效进行广泛的宣传。这会吸引人们的注意力，使得他们在心态上变得更加开放。这种宣传不能只采用常规的方式，而应该以能够唤起大家共同的情感的方式来讲述这些案例。好的宣传，不管其主题是什么，通常能够联结人们的情感以及人们认同的意义。

管理驱动的层级组织完全不会试图去激发人们的情感。即便它试图传播关于巨大机会的信息，也往往会采用常规的“商业分析报告”的方式，试图用数据和逻辑来唤起人们对于重要变革的紧迫感。这种方法可能有一定的效果，但不足以产生所需要的巨大力量。

我还没有见过哪个企业以传统的报告方式，唤起大多数人对于巨大战略机会的紧迫感。其困难是多方面的。

商业分析报告往往很复杂，特别是当它试图评价资源分配的变化时。这样的企业报告非常常见：采用的是成熟咨询公司的报告模板，厚度约 75 ~ 100 页，里面充满了密集的数据，进行了大量的文字描述。很多高管都觉得理解这些数据以及其中的逻辑和论证过程很困难，更不用说中层经理及以下的其他人员了。鉴于这些挑战，这些报告可能领导者最多看过一次就束之高阁。这样的方法不可能唤起人们的紧迫感，从而推动重大的变革。更不用说，商业分析报告纯粹是一种分析工具，只能唤起人们的理性，而不是情感。

可能这里最大的问题在于任何报告要起作用，关键需要人们愿意倾听，并且持开放的心态。自满的人们很少倾听。除非一个信息反复出现在他们面前，而且其中还具有一定的情感感召力；除非把信息放在他们所熟悉的语境里讲述，否则他们是不会倾听的。真正自满的经理和员工自我感觉良好，心里想的是“我们这样做很好，谢谢你”，他们最多会用一只耳朵来听你在讲什么。

想象一下，一个真正伟大的汽车销售员试图卖给你一辆在技术上更完备的新型汽车。但是你对自己现在用的车很满意。你很可能在销售人员开始长篇大论之前就打断他的话。“谢谢你，但是……”可能他在一个聚会上堵住了你，你不得不听他讲。你太讲礼貌，而不好意思直接离开。但你心里更多地在想怎么离开这里，而不是开放地听他在讲什么——即便他谈的是一款性能卓越的产品，并且有大量的数据证明这款产品棒极了。被迫倾听一段时间之后，你更可能感到厌烦，而不是会产生什么紧迫感。如果你生活在一个充满了焦虑驱动的虚假紧迫感的组织，你很可能在想明天早上 7 点必须参加的一个愚蠢的会议，以及如何避免被摊派更多的工作。不管怎样，你的思维都是关闭的。

6.3 榜样示范在建立紧迫感中的作用

要让大多数人开放心态，关注外部信息，唤起热情以及对巨大战略机会的紧迫感，最有效的方法莫过于榜样示范。在我所见过的成功的双元驱动组织中，这样的榜样示范首先来自企业高层。但是榜样示范其实可以从任何地方、任何人开始，然后以无法预测的方式扩散开来。随着越来越多的人成为具有紧迫感的榜样——比如每个人影响10个人，然后这10个人影响100人，由此扩散——其影响范围会呈指数级增长，从而带来巨大的力量。

当一个人成为具备紧迫感的示范者，他就会很自然地在走廊上的闲聊中，在会议上，在e-mail中，或者在人们谈起关于巨大机会的任何问题的时候，谈起战略挑战、新的可能性或可以采用的战略措施。他们带着节制的自信，毫不夸张地向其他人谈起他们在做什么，这些事情为什么重要；他们不会只是告诉别人应该做什么。很难想象，如果一个信息不断地在这里谈1分钟，那里谈2分钟，日复一日会有怎样的传播效果。

几年前，我遇到过一个人，他在示范紧迫感方面，可谓做到了极致。他30多岁，是一家总部在美国的高科技公司的高级副总裁。我和他相处了一天，在6个小时的谈话中，他插入了至少十几次关于"过去的成功经验不能保证现在的成功"的谈话。不像是在警告别人，而是在真诚地提醒自己这个世界运作的方式。在他的谈话中，穿插着各种关于别人如何采取行动领导组织把握巨大机会的案例。他有一个关于竞争机会的两段式陈述，写在单独的一页纸上，放在他办公室的会议桌上，在每次会议结束之前，他几乎都会提到它——潜台词就是，“我们所讨论的行动是否与这个陈述相一致？”他整个人呈现出一种特别积极的状态，不是故意装出来的，而是发自内心的。他在每一个所到之处寻找自满的踪迹（这是他在我们相处那天快结束的时候告诉我的）。他的一位下属在午餐上告诉我，这个人是一个“神奇的模范”。当然，成功的榜样表现为，随着时间的推移，他们周围的人开始像他们一样思考和行动，而这样的模仿有着深远的影响。

当一位领导者在建立战略性紧迫感上发挥榜样示范作用时，其作用与层级组织中的管理者是不同的。管理驱动的层级组织往往把行动分派给各个部门。所以，宣传部门可能被要求制定关于战略机会的陈述，并提交给整个组织使用。但是即便是世界上最能干的宣传部门，也不如一个领导者热情、真诚地谈论他们为把握战略机会正在做些什么，更能影响他人。管理驱动的层级组织把工作授权给培训部门。但是，即使培训部门能力高超，他们也永远不会有足够的预算，让所有人都参加课程的培训。而且，即便人们为培训中的某个信息所打动，当他们回到工作中，也会环顾四周，看看别人是否也开始重视这个信息，然后再采取相应的行动。通常，他们会看到的是，别人并不重视这些信息，于是他们的行动也就搁浅了。这很容易导致一种玩世不恭的态度，而不是对巨大机会强烈的紧迫感。

6.4　创造积极的能量，为小小的胜利庆祝

要在紧迫感上做出有效的、持续的榜样示范，很重要的是，任何一次成功把握机会的胜利，即便只是很小的胜利，都要让大家看见，并予以庆祝。这表明，大家在具有战略重要性且令人兴奋的方向上前进了一步。小小胜利会增加人们对于获取新的战略优势这一总目标的信心。庆祝活动给了所有参与者一个小小的鼓励。这种鼓励在情感上，为大家带来积极的能量。这不仅会让参与者个人感觉良好，在组织中也会形成累积效应。我想，我们都见过，这样的能力有着怎样的力量。

有时候，我们也会在管理驱动的层级组织中看到这样的领导力和积极能量，但是非常少见。这里的原因是，管理驱动的层级组织是建立在经济奖惩基础上的。战略规划制定好后，所用的方法都大同小异：胡萝卜加大棒。首先，以胡萝卜吸引，为管理者建立新的目标，而这些目标他们跳一跳才能够得着；其次，确保有必要的流程跟踪经理们是否达到了目标；最后，如果达到目标，就以金钱奖励他们。这种方法的观念基础是，胡萝卜能够在人们的头脑和内心激发出进行创造性行动的动力。在某种程度上，确实如此，但其作用是有限的。而且，整个组织中，你能给

多少人提供经济激励？通常只占很少的比例。

大棒有很多种形式。来自高层的压力是最常见的。所传达的信息很简单：这是你必须做的，如果你不做……通常，这种方法会无意中导致虚假的紧迫感——也就是人们出于焦虑从事大量的工作，看起来似乎很忙，热火朝天，但其实给组织带来的成果很少。这种方法还可能导致愤怒，进而导致抗议。人们可能采用很有创意的消极抵抗形式，也就是找到无数借口，不按时完成老板所需要的结果，比如 IT 工作人员迟到了；资源不够；要先处理客户 X 的突发性问题，等等。

胡萝卜和大棒都来自外部，控制在他人的手里，由他人来定义。而有益于企业的小的胜利可以由率先采取行动的人们自己来定义，而且这些胜利能为他们带来一种内在的奖励。例如，一位财务分析师成功地把她办公室的 8 个人凝聚到了紧迫感王国之中。这是她的办公室在方向上的重大转型，对高层管理者而言也是很好的事。但是这类转变，很少达到高管所定义的“胜利”的标准。而对于这位分析师来说，尽管自满的同事们让她几近抓狂，但最终获得的胜利是巨大的，能够带来极大的成就感，增强她的工作动力。

如果在企业中有更多这样的小胜利以及由此产生的积极性和自信心，比如增加 10 倍、50 倍、500 倍，将会产生巨大的力量。

这力量本质上是由一些人的小小的领导行为创造的，他们坚持不懈地在树立战略机会紧迫感方面发挥榜样示范。

6.5　任何时间、任何地点、任何人都参与进来

在榜样示范中，坚持不懈至为重要。这意味着，要采用多种方式，经常性地进行榜样示范，影响越来越多的人参与。

杰克·麦戈文会定期拜访一家位于中东的重金属制造公司，这是他作为高管的职责之一。他上一次出差去了美国四个地方，欧洲三个地方，中东一个地方和亚洲四个地方。由于行程繁忙，他无法专门安排时间“与大家沟通战略性问题”。于是他见缝插针，至少找到 25 个机会与人们谈论自己对于企业所面临的重大挑战的紧迫感，同时也在他的行动中体现出来。

在法兰克福，他临时决定，请 20 个人共进午餐，并在席间即兴谈起他对公司目前面临的重要机会的看法。他热情洋溢的谈话把他的紧迫感真实地表达了出来。在伦敦，每一次会议结束的时候，他都会向大家分发一篇短文，是公司高管关于创造核心优势的陈述，还有他自己手写补充的一些评论。所有内容都在一页之内。分发这个材料，并简单谈谈看法，只需要 5 分钟时间。在上海，他向 100 人做了一场演讲。在演讲中的某一段，他很自然

地谈起公司现在面临怎样的重大机会，他自己是怎么想的，采取哪些行动有助于把握这个机会等。在洛杉矶，只要看到公告栏，他就把那一页纸的材料贴上去，在两天的行程中，大概一共贴了20多张。在芝加哥，他无意中遇到了公司“紧迫感团队”中的一位成员，他在喝咖啡的时候花了几分钟时间，问他在做什么，并对这些行动表现出极大的兴趣和鼓舞。

尤尔根·班达豪斯是一位资深极客，他以卓越的领导力为公司创建了一个“紧迫感门户网站”。起初这只是一个简单的网站。随着越来越多的人被尤尔根的热情和成功感召到这项活动中来，这个网站也发展得越来越好。现在，这个网站会收到公司每个人提供的新闻。很多人自行拍摄了视频，反映人们在围绕大型战略措施建立紧迫感后都在做些什么，然后提交给网站。几乎所有这些视频都是非正式的，有些做得一般，有些则很好。大家还在网站上发表博客。高管团队制定的“重大机会陈述”放在网站上突出的位置，后面还跟着公司上下的很多人就这个陈述发表的评论。起初，所有这些内容只是隐藏在一个内容浩如烟海的网站上的一个模块中不起眼的地方。现在高管团队决定，让每个人的主页上都能看到。

莫莉·赫伯特开发了一款在电脑上玩的游戏，很创新，也很好玩。不过这款游戏不是要赢一堆纸牌，而是让人找出一个神秘王国的重大战略挑战和机会。温·达尔顿和一个团队一起开发了一个小工具箱，用来指导高管们如何向他们的团队谈论战略挑战。另一个年轻人，日常工作是保险精算师，但其终身理想是成为一名好莱坞的制片人。现在他领导着一支团队帮助公司其他人制作2～4分钟的短片，用于唤起人们的紧迫感。这些短片会通过邮件发送给大家，发布在公司网站上，或者在会议上播放。坦白讲，其中有些短片做得并不太好，但至少都是真诚的。也有一些做得很有趣，很好玩。

如果允许那些对重大战略机会拥有紧迫感的人，尽情地发挥创造性，把越来越多的同事带入进来，这将产生惊人的结果。我亲眼所见，他们自愿晚上加班做这件事情，因为他们觉得这很重要，同时也充满乐趣。并非他们所做的一切都会带来显著的成效。但是他们的努力累积起来，就会带来巨大的变革。特别是当一些冒险取得成功，就会吸引更多的人加入进来，从而会有更多的人通过更多的冒险获得成功。

这项活动在没有人进行项目管理的时候进行得最好。也就是说，没有人对其进行严格的管理，比如高管团队中可能没有任何人能够列出所有正在进行的活动中的5%。这种情况，可能让一些在层级组织中训练有素的管理者在起初会感到紧张。但是这种做法确实有效。

除非亲眼所见，这种做法带来的热情与活力，让你难以想象！这股力量将扫除一切由层级组织带来的抵制和障碍，为企业创造双元驱动组织、快速应对战略挑战、加速迈向未来铺平道路。这股力量的生长，很大程度上来自于“重大机会”所带来的兴奋感，这是不可或缺的一部分，下一章我们将会谈到。

第 7 章

抓住重大机会

ACCELERATE

BUILDING STRATEGIC AGILITY FOR
FASTER-MOVING WORLD

如果巨大的紧迫感把人们推向十几个不同的方向，那什么结果都不会产生。

加速变革的行动和双元驱动组织所需要的核心能量，是一种协调一致的能量。成功创造双元驱动组织的先行者，第一步并不是唤起许多人的紧迫感，而是创造一种力量，让人们的感受、想法和行动协调一致。

协调一致意味着群体的聚焦。那么首先要问的是，聚焦于什么？才能建立起一种势头，克服层级组织对稳定性的偏爱？才能战胜拖延人们建立更快速和更敏捷的运营方式的力量？才能让尽可能多的人快速行动起来？

你的选择包括：让人们统一到战略目标之下，或者是统一到某个愿景或某些战略措施或具体的行动方案之下。最终，你需要对这些选择进行比较，找到最能让大家劲儿往一处使的方式。但是在开始时，你要围绕什么建立紧迫感呢？还是说，只要所唤起的能量是协调一致的，采用哪种方式都不重要呢？

在加速新战略和建立双元驱动组织的成功案例中，采用哪种方式似乎确实不太重要。是从愿景、战略、战略措施，还是行动方案开始最好？答案是，以上都不是。还有一个更好的选择。

7.1 从未来的可能性与机会入手

几乎所有业绩良好的组织，都有可能在未来遇到游戏规则发生变化，但仍能持续繁荣。一般来说，实力强大的企业不会没有机会从优秀到卓越，努力挣扎中的企业不会没有机会走出困境、实现盈利。当然，当出现巨大的变革时，企业所面临的威胁也会更加明显。但是变革通常带给企业新的可能性和机会。

我这里使用的“重大机会”，通常是组织所处的环境发生变化（例如，新的市场、新的技术进步，或者在竞争和变化中新的需求产生）或者企业内部发生变化，或者两者都发生变化导致的结果。如果企业能够足够快速、足够好地把握重大机会，就可能带来重大的成果。这些成果包括更快的利润增长；在需要更多创新的世界更快速地创新的能力；更好的企业声誉，获得更好的人才和财务资源；或者实现服务于他人、社区或国家的梦想。

重大机会兼具理性和感性，理性是因为它有大量的数据支持，感性是因为它能从情感上鼓舞组织内部的人。它能调动起人们的心与脑。一个关于重大机会的精彩表述，相当于极富感召力地向人们描述一扇已经打开或者即将打开的通向未来的窗户。通过良好的设计和应用，这个机会会让人们对穿越这扇窗户、迈向未来充满热情和兴奋。

这样的机会之窗现在出现得越来越多，同时也打开和关闭得越来越快。20年前，这些战略机会的窗口可能会打开达10年之久，甚至更久。现在它们在几年之间就会消失。几十年前，还没有必要到中国、印度尼西亚或巴西建立分部，因为大多数产品或服务在这里市场很小，或者市场根本不向外国人开放。而今天，这些市场非常重要、活跃，并且在以每年20%的速度不断增长。

重大机会不是一个“愿景”，虽然这两个词看起来很相似。重大机会的部分内容可以这样表述：“由于环境因素X和我们特有的能力因素Y，我们面临一个非常现实而令人兴奋的机会，可以通过提供服务Z，大幅提高我们的收入和利润，创造持续五年的增长，从而为全公司带来前所未有的好处。”如果决策制定速度、客户服务，以及人才是公司抓住这次机会变革的三个关键问题，那么为期一年的愿景的部分可以这样表述：“我们将提高决策制定速度，更好地为客户需求服务，成为一家人们想要来这里工作，并为自己的工作感到自豪的企业。”

成功创建双元驱动组织的领导者是围绕机会而不是愿景来建

立紧迫感的，原因有二：首先，在传统的层级组织中，管理人员和其他员工是以其所在部门的视角来看待组织未来的。如果这个陈述所描绘的画面是某些部门的人非常喜欢的未来，那么一定有一些人会从中看到他们所不喜欢的，而且前者越是喜欢，后者不喜欢的概率就越高。因为在后者看来，他们所在部门的权力、影响力、预算或其他资源都被削弱了。这会导致他们反应消极，甚至做出积极或消极的抵抗。但对机会的陈述没有这个问题，或者说导致这种情况的可能性要小很多，因为聚焦于组织外部合理的、令人兴奋的可能性，并不意味着给人们在组织中的地位、权力、选择或存在带来任何威胁。

其次，愿景陈述很容易带上这样的基调："这是我们的愿景，你们要去实现它。"尽管企业高管在谈论这些愿景时并没有这个意思，但是员工听起来就会有这种感觉。有些人不会计较这种基调，因为至少领导们知道企业需要往哪儿走，或者因为他们很尊敬CEO。但是，通常的愿景描述，作为唤起紧迫感的一个工具，很容易让人们感到对方有一种居高临下的姿态，而他们不喜欢被人以一种带有威胁性或优越感的方式来对待。这导致的结果是，当你需要人们前进时，他们却停下脚步。而一个关于重大机会的良好的陈述，则听起来不那么像大人用手指指向小孩那样指向内部的管理者或员工，而更像是以一个手指指向外面天空中的彩虹的样子。

重大机会不是战略规划或战略措施。战略规划通常只是以更具分析性的方式描述愿景。美好的愿景可以唤起人们对愿景画面的想象，这些画面是关于行动、他人、顾客以及你希望身处其中的事业的。良好的战略规划则用数字和逻辑证明你应该身处什么样的事业中，你在其中处于什么样的位置，以及你在这个位置上可以用哪些方法获得成功。战略措施则像是一个舞台，人们需要在其中采取行动，以推动组织实现变革愿景，或者实施战略。如果说愿景和战略呼吁人们为把握机会进行一场重大的变革，那么所有的战略措施汇总起来就是为了实现这场变革，如图 7-1 所示。

重大机会
一个通往胜利的未来的窗口，现实可行的、
具有情感上的感召力，令人难忘

↓

变革愿景
为了把握重大机会，
你们应该是什么样子

↓

战略措施
一系列活动，如果设计和实施都足够
好，将使愿景变为现实

图 7-1 重大机会引出变革愿景，变革愿景引出战略措施

围绕愿景创建紧迫感存在的两个问题，也适用于战略规划和战略措施。它们很容易被不同部门的人看作是对他们的地位或资源的威胁，而且看起来像是上面下达的命令。此外，对于工作范围狭窄的人们来说，战略规划和战略措施通常听起来过于复杂。人们可能需要很努力才能理解这些复杂的表述。有些人可能因为被这些表述弄得恼羞成怒，而对此深恶痛绝。那些恼羞成怒的人通常会表现得像倔驴一样，他们会顽固地拒绝行动。而表述良好的机会陈述，即便是基层的书记员或工人都可以理解，从而有潜力在办公室、工厂或任何地方唤起人们的紧迫感。

如果从战略规划或战略措施方面开始创建协调一致的紧迫感，通常你的机会陈述在情感上是苍白无力的：都在头脑的层面，而不在心灵的层面。如果是这样，只会有极少的人可能被调动起来，也就是产生强烈而积极的紧迫感，并由此产生积极的力量。再次重申，做这些努力想要达成的结果是：有多少人愿意主动参与变革，让新的变革发生——这些变革可以是非常非常小的。而如果采用经过深思熟虑的重大机会陈述，情况则相反。这对开启加速战略的执行和调整，以及双元驱动组织的建立是非常关键的。

这里并不是要说，如果要加速战略行动，建立双元驱动组织，就要忽略和放弃所有成熟组织今天所做的战略工作。完全不是这个意思。有时候，战略措施也有助于围绕机会建立紧迫感这项工作的启动（在第 5 章中，戴维森公司的案例中，情况就是如此）。至少，在创建重大机会的陈述时，战略工作也是必须要纳入考虑的，否则，如果两者不一致，那双元驱动组织中的层级组织和网络组织很难和谐共处。我们要说的是，把现有的战略措施，或者为便于沟通而加以浓缩后的战略措施，作为建立紧迫感的起始点，通常效果不太好，原因如上所述。

7.2 创建“重大机会”陈述

最有效的重大机会陈述一般具备以下特征：

- **简洁**。一般不到一页，通常只有 1/4 页。这种长度使它更易于与他人分享，进而更容易在大多数人中唤起紧迫感。
- **理性**。它符合组织内外发生的真实情况。一个通情达理的人，是不会以它听起来像天方夜谭，完全是基于对现实的不准确评估为由，拒绝重大机会陈述的。好的重大机会陈述通常会以简单的语言谈到“是什么，为什么，为什么是我们，为什么是现在，为什么要大量投入”等问题。
- **吸引**。它在情感上具有一定的感召力。它并非全部是头脑层面的，而是心灵层面的。它是心灵的对话，而不是对组织中基层或高层的人，或者某些部门的人。

- **积极**。因为所谈的是一个机会，所以整个基调是积极的。它不是在谈“燃烧的平台”，试图以吓唬的方式让人走出自满状态，而是在谈“发展的机会”。
- **真诚**。它让人感觉很真实。它不是仅仅以好消息来激励人们。高管团队之所以把它提出来，或者认同它，是因为他们真诚地相信它，并为之感到兴奋。
- **清晰**。一个机会陈述需要简洁、理性、具备情感感召力……并足够清晰。缺乏清晰性通常会阻碍双元驱动组织的建立，因为它会让人们走向不同的方向。
- **一致**。有效的重大机会陈述应该与任何现有的来自高层的类似陈述相一致。如果一家公司已经具备了双元驱动组织，而工程部门想创建自己的新系统以应对战略性重大工程问题，那么工程部门的重大机会陈述就必须与公司的陈述相一致。只要存在与现有文件（如战略规划）的不一致，最终都会带来冲突和问题。

总之，重大机会陈述必须理性（为什么是我们，为什么是现在，为什么……），具备情感上的感召力（对心灵有一种真挚的、积极的、诚恳的感召力)，令人难忘（清晰，简洁）。

现在，很多愿景和使命陈述之所以没能对组织产生真正的作用，其中一个原因就在于它们缺乏这些特征。所以，它们难于理解，看起来很乱而不像是合理的分析，让人感觉不真诚，或者没有足够的感召力，因此不能影响人们的行为，反而导致人们“停滞不前”。

我发现，创建成功的重大机会陈述的高管团队是想要：①形成能够立即加速企业变革的新战略；②建立新的运营模式以在 21 世纪获得胜利；③二者都想要。他们可能是一家公司，一个事业部，一个职能部门或区域分公司，非营利组织（如学校）或政府组织的某个部门（如某支海军部队)。我们没有证据表明，咨询顾问或任务小组可以为实际负责运营的高管来撰写这个陈述。

虽然，从理论上讲，可以有一些重大战略陈述的模板，你在创建自己的重大战略陈述时，只需要填空就可以。但我没有亲眼见到过。人们似乎需要在内容和流程上有自己发挥的空间，以使这个陈述符合他们的实际情况。

我发现，创建卓越的重大机会陈述的关键是，要非常清楚自己的目标。最根本的目标是：

1. 建立一个令人难忘的、明智的、具有情感感召力的机会陈述。

2. 这个机会陈述要达到这样的效果：在把这个陈述拿去问高管，他们是否相信这些话，是否真的想好好把握这个机会时，他们所有人都会举起手来，而且大多数人都会举得很快，带着真挚的感情。

3. 这个机会陈述如此之好，以至于一些高管当即表示想要把它推广到整个组织，以建立围绕这个机会的紧迫感。至少有两位高管自愿表示要领导这项工作。不管他们自愿要干什么，这项工作要花多长时间，困难有哪些，至少这些表明，你已经达到了创建一个卓越的重大机会陈述的目的。

7.3　案例：制造业服务的快速增长的例子

这家公司位于美国的东海岸。在我们与其合作时，这家公司的年收入是 70 亿美元。其业务是为其他公司生产制造设备，所在行业近 10 年来一直不太景气。由于经济、社会和政治等多方面的因素的影响，这个行业可能要发生巨大的变化。高管团队知道这一点，他们让一个任务小组认真分析数据，并向他们汇报。任务小组汇报说，按照他们的判断，这个机会非常大。

于是，高管团队设计了一个用于建立紧迫感的重大机会陈述。领导团队有一半的人都很拥护这个陈述，他们的紧迫感和跃跃欲试的态度在公司已经很多年都没有出现了。他们大多数厌倦了“在沙漠中跋涉”的这段时间（这是他们的原话），也就是行业和利润增长极不景气的这些年。团队中的大部分人也认为这个陈述很可能是符合实情的。他们当然希望这个机会陈述是确切的，但其准确性还没办法保证，所以他们在理智和情感上持保守态度。也有一位团队成员以嘲讽的态度看着这个重大机会陈述（似乎在说“这种东西我以前也见过”）。当然，他是不敢在CEO面前表现出这种感情。

以上部分以及下面的其他内容都是在真实案例的基础上进行了改编，但组织环境和重大机会陈述的关键要素保留了下来。在这个案例中，他们的陈述是这样的：

由于公众态度和市场需求的变化，我们面临着一个巨大的机会，可能在未来4～5年之内，实现收入翻番，成为行业领军企业。这意味着，我们将在所竞争的领域成为佼佼者并将建更多的新工厂。

只要我们继续保持技术领先，只要我们每天都践行我们的价值观，这些目标就有可能实现。

我们的最终成功来源于我们客户的成功。我们客户的成功将帮助全世界数百万人拥有更好的生活。

我们都见过类似的陈述，看起来在措辞上令人眼花缭乱，其实没有太多实质性内容。这些陈述在邮件中传送，在会议上朗读，挂在办公室或工厂里。有很多理由证明它们起不到任何作用。但这里的这个机会陈述却起了作用。为什么呢？

在这个案例中，有些员工在过去几年听到数次领导者振振有词地在会上面说，好日子就要到来了，但结果却什么也没有。因此，他们对这项机会陈述一开始是持谨慎和嘲讽的态度。但是年轻人不这样想；那些非常希望这个陈述变成现实的人们不这样想；那些看到企业在很多行为上的一致性的人不这样想；那些创建这些陈述的高管也不这样想。因此，这个重大机会陈述具备了成为创建一致的紧迫感，推动他们进入“前进”模式的强大力量，也具备了战胜充斥着层级组织的对战略的自满和迷茫的潜力。

在这个案例中，这种潜力被发挥到了极致，这是因为，如第6章所述，从高管到各层级员工都锲而不舍地通过自己的言行传播这一想法。紧迫感如他们所愿地建立了起来，由此产生的强大力量，为战略加速流程以及双元驱动组织的建立铺平了道路。

7.4　案例：供应链改善的例子

这是另一家高科技公司，位于美国西海岸，年收入约20亿美元。在其传统产品领域，这家公司市场份额排名第三。但所在行业正在经历一次重大变化，一种全新技术的出现可能导致现有产品线的废弃。公司面临着巨大的不确定性。

以下是他们的重大机会陈述：

客户正在重新思考他们的整个供应链结构。我们面临着一个机会，可以凭借我们创新的产品，以及我们高度致力于客户成功的文化以及人才，为客户改善供应链流程。我们面临着一个非常现实的机会，可以成为客户的第一选择，并成为一家令我们所有人感到自豪的企业。

这个陈述比前一个还要短。让我们看看它包含了什么内容。第一，评估他们可以为客户做什么（改善他们的供应链流程）；第二，坚信他们可以做到（在于他们的供应链基础设施）；第三，公司可以凭借创新的产品从根本上改善客户的供应链流程，帮助客户获得成功；第四，他们的“客户第一”的文化以及他们的销售人员将让客户信服地购买他们的产品，即便使用这些产品需要做出重要的变革；第五，所有这些努力将使公司实现市场份额的增长（“客户的第一选择”）；第六，这些将极大地增强公司内部员工的自豪感，从而吸引更多的人才，为公司未来带来更大的成功。

对这些内容，我可以把其中的点更仔细地联系起来，填入一些事实或恰当的假设，补充到两三页纸，看起来就会更像一个业务战略。如果加入更多的统计数据，把它变成 10 ~ 20 页的篇幅，则所有内容都很难记住，理解起来很复杂，情感平平，细节太多，带着很多基于部门或层级而形成的偏见。

这个机会不同于第一个案例，因为打开这扇机会之窗的是技术性的，而不是经济性、社会性和政治性的。但是两个案例都符合同样的标准。虽然这个陈述对本书的很多读者来说，并不那么有感召力，但这没关系；重要的是，它对公司里的人有感召力。

7.5　案例：医疗行业销售与营销的转型

另一个案例。这家公司是一家总部位于欧洲的医疗行业高科技公司的美国分公司，成员基本是销售和市场人员。母公司收入为 180 亿美元。

事情是这样的，美国分公司有两个潜力巨大的大型新产品，同时有两个大型产品处于生命周期的末期。按照这家公司传统的层级组织使用的预算流程，他们会根据过去的预算，制定未来产品的预算。比如，他们预测在未来几年，收入会下滑（因为老产品淘汰的速度比新产品上升的速度要快）；或者收入会缓慢增长（因为新产品上升的速度要稍快于老产品淘汰的速度）。由于层级组织中的各部门（和人员）倾向于自我保护，当自下而上的预算混合在一起，所预测的未来三年的收入线就趋于平缓，利润线则有所下滑。所以，大家的讨论一直关注的是问题，而不是任何大胆的机会——直到这家分公司的营销总监以坚定和确信的态度向高管团队谈起这个机会。

“为什么我们要以跟过去一样的方式启动这两个新产品，仅仅是对过去的标准流程做一点点改进？为什么我们不采用完全不一样的方式？是的，这需要销售和市场部门都做出巨大的转变。这也需要我们用一种新的方式来实施战略转型。但是，请看一看数据分析。看看这样做，会在两三年之内给收入增长带来什么影响。看看这对我们在竞争中的地位有何帮助。看看这会为我们以及我们的员工带来什么。谁不希望一直获胜，获胜，获胜，而不是只是拼尽全力去坚守过去的果实？我们总部的人员会从过去一直高高在上的姿态，变成强大的支持者。算一算销售提成的数字吧！”

由此开启了一场对话，并制定了重大机会陈述；之后开始建设双元驱动组织。这一切所带来的回报比营销总监设想的还要快。

这家分公司的重大机会陈述如下：

凭借我们的新产品，我们有理由让美国分公司的规模在五

年之内扩大一倍；这会给我们的销售人员带来销售提成的大幅提升。我们的客户会很高兴，我们的销售人员会很高兴，我们的母公司会欣喜若狂！

这可能是最短的重大机会陈述，但是其中也包含了很多信息。即将发布的新产品是这里的关键，它们回答了“什么，为什么是现在，为什么是我们”的问题。同时，这个陈述以高度浓缩的方式，谈到了分析性的基于数据的标准（“……规模在五年之内扩大一倍……”），也谈到了三个群体（客户、销售人员、母公司）的情感因素（“高兴”“欣喜若狂”）。

最近，我把这个重大机会陈述拿给另一家公司的领导者看，他说：“我们好像没有任何达到这个规模的战略机会。我们如果诚实地写出我们的机会，恐怕会枯燥沉闷，缺乏感染力。”其实上面提到的这家公司，几乎有一半的高管，在最初也是这样想的。

7.6　案例：军队的变革

本案例中的这个组织，是美国军队的一个单位。华盛顿要求他们做到比以往，或者说第二次世界大战以来，工作效率提高30%。他们尝试了当今流行的各种方法来提高产出，比如在运营计划中提高目标，建立专门的任务小组，由司令官及其50位军官做主题演讲。但是在这家几十年如一日地以同样的方式运营的组织，这些进展都非常缓慢。

他们的重大机会陈述如下：

基于华盛顿对我们提出的要求和一场持续的战争将带来的挑战，以及我们优秀的领导团队的才能，我们现在有一个机会，消除效率低下的流程和组织在过去 50 年发展出来的惯性。

在接下来的两年，我们将有机会建立一种新的心态，一种包含乐观主义、完成任务的成就感以及责任感的心态。这将是一场理念和实践上的巨大变革，将帮助我们实现当下的目标，并帮助我们更好地应对 21 世纪的挑战。

这个机会不容忽视。我们不能辜负我们的政府、国家、组织和人民。

这家被过去牵绊的组织面临的机会是，通过利用来自华盛顿的严格而且时间期限短暂的要求，为应对未来的挑战做好准备。在制定这个陈述之前，他们曾私下里以非常消极的方式谈论他们的处境——例如，这是高度政治化的五角大楼在不了解他们实际情况的基础上提出的不合理要求；而且他们也使用了常用的提高效能的方法，虽然取得了一定的成功，但后来就没太大效果了。他们一直陷入失败中，直到领导者认识到了当前处境下的机会，并将其写进了一个逻辑合理、吸引人、令人难忘的陈述。这为整个组织带来了全新的运营模式，使他们成功地应对了这次战略挑战，并为未来的成功建立了新的运营模式，如图 7-2 所示。

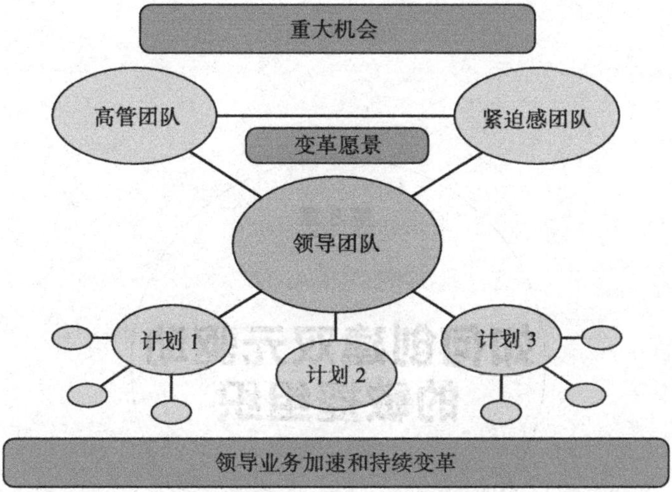

图 7-2　重大机会、网络组织以及加速结果

第一加速器的第一部分是通过识别和澄清重大机会，创建一种力量，带动双元驱动组织的建立。所有内容都由此展开。第一加速器的第二部分，如第 6 章所述，是找到方法，让管理者和员工围绕重大机会陈述建立起一种紧迫感。要相信，把这些任务以及接下来的其他任务处理好是可能的，即便你的组织对我们书里写到的这些内容的第一反应是“在我们这里根本不可能实现”。

第8章

如何创建双元驱动的敏捷组织

ACCELERATE

BUILDING STRATEGIC AGILITY FOR FASTER-MOVING WORLD

Q&A

我们在一个单一的、层级组织中生活了太久，所以当有人提出一种新的形式，即便是像双元驱动组织这样有机的、合理的、符合直觉的组织系统，即便已经有成功经验，还是会产生很多问题。这是一种很自然的现象。尽管双元驱动组织的基本理念很简单，但实施可能很复杂，这取决于层级组织有多根深蒂固，以及有多大的排他性。

我和我的同事发现，那些把本书中的理念介绍给他们的同事、下属或上司的人，经常遇到类似的问题。他们对这些问题的回答将对后续的推进带来极大的影响，回答得好，后续的推进成功概率更高；回答得不好，可能给后续的推进带来不必要或障碍性的问题。

以下是一些常见的问题，以及我们认为比较有帮助的回答。

问题：我们已经采用过类似的组织结构，比如跨部门的任务小组，“老虎团队”“自我管理的工作团队”等。这个跟它们是一样的，对吗？

回答：这些团队和任务小组与双元驱动组织有类似的地方，但是总体来讲，它们是完全不同的。跨部门的任务小组都是受单一的层级组织控制，并在其中工作的。它们的目的是为 20 世纪的组织形式做一个补充，以帮助在今天的环境中建立和实施新的战略性项目或其他项目。在这些团队中的工作成员都是被任命的（虽然有时也用“志愿者”这个词，但本质上仍然是上面要求的）。通常，他们会受到一个被任命的项目经理的指导。这些团队的人数一般不超过数十人。他们一般会在一段时间以后解散。他们通常采用标准的管理流程：创建计划和评估标准，分清职责，设定时间节点，定期向上一层级汇报所有计划的进展。

在合适的情况下，这些方法会很有效。但是，要在这个变化迅猛、竞争激烈的世界成为佼佼者，需要大量的人员参与变革项目和高度的协调一致。就这方面的作用而言，它们与双元驱动组织是不能比的。

问题：我们已经知道了怎样执行新战略，也已经这样做了很多次。为什么我们要摆脱过去被证明有效而且人们也已经很习惯了的方法呢？

回答：你们很可能并不需要放弃你们所擅长的做法。问题是，你们过去一直用的方法可能需要增加一些涡轮增压器，原因有四：

第一，要考虑这个世界是如何在变化，以及我们如何调整自己来持续获取成功的。大量数据显示，由于技术的更新和全球化的整合，所有事情都在加速。过去的方法已经不能完全有效地应对今天的工作了。就像俗话所说："没有屡试不爽的成功之道。"在广泛的剧烈变化之下，大量可靠的证据表明，今天 70% 的组织会遭遇失败，能够成功实现预定目标的组织不到 5%。这个事实并没有广泛为大家所知，因为人们都不愿意承认或广泛传播失败。再强调一次：低于 5% 的成功案例也大部分是依靠成功的根本性变革，而不是在快速变化的环境中持续进行战略调整的结果。做好变革的这种能力明显也是一种战略优势。

第二，权衡利弊。第 3 章中的警示故事告诉了我们很多。以糟糕的方式应对战略挑战通常会带来严重的后果。对一家大公司来说，过去几十年，成功和失败的区别可能是几十亿的市值，而今天的区别，则是赢家通吃与全面失败。

第三，考虑风险。我们通常回避那些看起来很新的事物，因为它有很多的不可知性。但是，现在企业被迫要进行根本性的重组、IT 系统的大型整修，或投资新兴市场等，这些比建立双元驱动组织的风险还要大。建立双元驱动组织是一个有机的过程，而且几乎不需要什么先期投入。

第四，把你最近获得的成功和我们关于双元驱动组织带来的结果的早期数据进行比较：比如，两年之内收入翻番；30个月内市值翻番；从一个即将被淘汰的组织，变成一个所在行业的示范组织；三年之内，从一个完全被过去所牵绊的组织变成一个创造未来的组织。

问题：我们如何对双元驱动组织或者整个组织中的网络组织部分的成果进行衡量？

回答：我观察过的很多领导团队确实试图对结果进行衡量，但不是以层级组织常用的方式。层级组织会制定与运营计划相关的衡量标准。加速器网络组织则没有传统的运营计划。它们只有重大机会陈述、变革愿景和一系列战略项目及子项目。层级组织习惯于忽略那些无法量化的衡量因素。加速器网络组织也会对项目的成功进行量化衡量，但同时也靠观察和推断来衡量。层级组织的衡量系统往往是由一些专门负责的部门制定和监控的。网络组织则允许项目团队制定和使用他们自己的标准。所以，二者的衡量标准确实很不一样。一个反映的是创新、快速、敏捷性的本质，另一个反映的是成熟、可靠、高效的本质。

网络组织的项目创造的结果很容易从经济上进行计算。比如，一个建立新流程的项目使采购成本每年减少了X美元。几个项目将推出新产品的时间从9个月缩短为6个月，且没有增加额外成本。这三个月的收入增长使本年的销售额增加了Y美元。

也有些项目带来了很有价值的成果，这些成果可观察，但难以衡量——例如，实现了你几年以来一直想要实现、花了无数成本却毫无成效的员工行为变革。我们见过一家企业，其高管团队 10 年以来一直相信，不同产品部门的销售如果能够更好地合作，将有助于提高收入。然后，由网络组织领导的项目所带来的志愿者能量，史上第一次实现了真正的合作！或者你一直希望提高员工敬业度，然后新的组织实现了这个目标。或者你一直试图建立一种创新的文化，却一直不成功，然后在新的双元驱动组织的运营之下，这种文化开始产生了。

网络组织有一些量化的衡量标准，但是是间接的，因为无法完全证明其中的因果联系。这些通常是重要的指标。比如，员工年度敬业度调查显示，双元驱动组织可能给员工带来了一种感受，即公司成了一个他们更愿意在其中工作的地方；有人认为，这是公司职位申请者增加 Z% 的原因所在。或者绩效评估显示，在“领导力”这一项上获得好评的人数增加了，而这些人大部分在网络组织中担任了职务。或者，人们只是感到在办公室或工厂工作更有活力了，而这活力是由新的双元驱动组织中最活跃的人带来的，这可能无法进行准确的衡量，但也表明了网络组织的作用。

问题：我如何让网络组织的人对他们承诺要做的工作负责？我用哪些指标来衡量他们的绩效？什么样的薪酬结构最适合奖励人们在网络

组织中从事的工作?

回答: 这些都是逻辑性的、具有层级组织特征的问题。在层级组织中，这些必须分门别类非常清楚地列出来，否则这个系统就无法运转。但是像责任、指标和薪酬这些，都不是一个战略加速器网络组织的核心元素。在网络组织中，成功的核心在于紧迫感、热情、开放的沟通、授权，“自发想做”的运营规则，以及大多数人发挥领导力。本书所描述的加速器，就是直接处理这些问题的。

这并不意味着，在运转良好的网络组织中，没有人在乎责任感。而是说，因为这个系统的性质完全不同，人们相互之间会推动对方为自己的角色负责。由于衡量指标有助于跟踪项目的进展，识别值得庆祝的胜利，这些团队也会建立他们自己的指标。我还没有见过实际的案例表明，为了让网络组织运转，需要一个薪酬激励。人们加入进来的理由不是薪酬。

问题: 网络组织向谁汇报?

回答: 向谁汇报，这也不是描述两个系统的关系的最合适的词汇。两者是，而且必须是共生的合作关系。确实，为了让这个双元组织开始运转和维持，层级组织高层必须建立网络组织，让它运转起来，并亲身示范对它的支持。由于层级组织是官方和权力所在，它会对网络组织产生巨大影响，并且有随时关闭网络组织的权力。同时，层级组织高层也必须制定和支持重大机会陈述，这对网络组织来说，是指引方向的北极星，也是激励他们工作的主要动力。

但是，从一开始，项目领导团队和公司高管团队就必须建立密切的关系，以便保持两个组织系统相互联系，有机结合，并保持战略上的一致性，同时不做重复的工作导致浪费资源。建立两个组织系统之间最佳的合作关系确实需要花一些时间和努力，但我见过人们做到过，并且由此大幅提高了公司业绩。

问题：那么谁负责运营网络组织呢？是领导团队吗？如果是，那由谁运营领导团队？如何运营？

回答：这里不是“运营”网络组织的问题。“指导”或“领导”都比“运营”要更准确。网络组织由核心小组（领导团队）负责。在成功的双元驱动组织中，领导团队有很多职能，包括：①保证网络组织有一个与重大机会陈述相一致的变革愿景。②一致通过需要在什么时间实施什么战略项目，并保证这些项目与变革愿景以及层级组织的战略规划和战略性项目相一致。③与高管团队保持紧密沟通，但并不是层级组织的正式汇报关系。④监督但不控制战略加速器网络组织中所发生的事，寻找两个系统的工作中是否有重复的部分，引导项目进行中的沟通和问题解决。⑤发现和庆祝胜利。⑥总体上保持加速器流程运转良好。

至于由谁来运营领导团队：没有人负责层级组织意义上的运营。会有一位引导师帮助它像一个团队那样工作。通常会有一两个核心人物来领导某个重要的项目。直到网络组织中可能有一些人作为强有力的领导者，当其他人遇到分歧或困惑时就来找他。但是不存在传统的正式层级组织。

问题：高管和其他管理者需要花多少时间和努力来建立这个网络组织？

回答：由于这个新的网络组织系统是原有组织的有机组成部分，而不是一个单独的巨型项目，需要设计、评估、分配资源和管理，也不是一个需要规划和实施的大型组织，所以高管和其他管理者需要花的时间和努力很少。在赞同、支持和帮助指导双元驱动组织的建立中，高管是否作为非常重要的。但是所需的时间很少，除非高管本人愿意作为志愿者加入到网络组织中。对其他层级较高的管理者而言，他们在网络组织中的活动，包括启动重大机会陈述制定项目，学习必要的原则、流程和结构，与领导团队保持恰当的合作关系，或者表现对于网络组织所获得的成功的热情，可能需要他们 5% 的时间，但是不会更多。这意味着，平均而言，大约每周花两个小时。这是非常重要的两个小时，因为这个流程对他们来说是全新的、完全不同的。这个时间会打扰他在层级组织中日常的工作吗？不会的。

比时间更重要的是在这一小段时间之内的行为。这里需要的是领导，而不是管理。是亲身示范层级组织需要做些什么，以给网络组织生长的空间。其中很多行为其实很简单：传播重大机会陈述；当人们赢得胜利时拍拍他们的背，表达赞赏。

在创建双元驱动组织的过程中，组织的一把手的行为特别重要。他不能请别人来当这个新“项目”的一把手。战略加速和双元驱动组织不是一个项目。一把手必须看到其价值，并宣扬这种价值。

问题：很明显，把建设双元驱动组织的工作外包给聪明、会写报告、能够提供明确的可交付结果的咨询公司，是不会有效果的。但是我们的人员和管理者都已经超负荷工作了。我们如何做好这件事情?

回答：关于不外包的观点是正确的。是的，组织里的很多人都感到自己超负荷了。但是整个加速器流程的设计就是为了以同样的投入获得更多的产出，并且已有很多案例表明，它确实可以达到这个效果。

加速器的第一步是建立紧迫感，如果完成得好，会让大多数的人围绕重大机会（这个机会对他们来说既合理，又有情感上的感召力）产生一种紧迫感和一种活力。这会给整个组织带来很大的不同。人们会自愿加入进来，在本职工作之外承担更多，并且不会因为层级组织中常有的压力而心生退意。

围绕具有情感感召力的机会所产生的真正的紧迫感，会挖掘出人们对做有意义的事的渴望。它挖掘出人们的热情，这种热情我们每个人都具备，却很少有机会在工作中表现出来。它激发人们内在的能量，让他们发自内心地希望自己的组织取得成功，让他们在组织使命还没有实现，竞争对手还没有打败，客户服务还没有达到超好水平的时候，心怀不甘，奋发努力。加速器的设计就是为了挖掘这种能量，并且持续挖掘这种能量，同时回报给个人成功的喜悦、与他人并肩奋斗的友谊，以及个人成长。当这一切实现的时候，你会发现人们的“带宽”也大大扩展了。

这里的关键问题是，人们的能量水平不是一个零和数字。并不是说，如果你20%的精力投入到了网络组织的活动中，你就只剩下80%的能量留给你的常规工作。人们可以将他们的精力和专长提高到现有水平的120%或150%，而一个运转良好的双元驱动组织可以帮他们做到这一点。如果你从来没有亲眼见过这种现象，它确实会令人难以置信。但其实我们大部分人在整个一生中，都见过这种现象。想一想，当孩子需要辅导功课时，父母即便没有任何空闲时间，也会想办法挤出时间来辅导孩子，同时不耽误自己的其他工作。或者一个男士，尽管在上了一天班以后已经精疲力竭，却仍然在他的后院造一只25英尺的小船，他的能量来自哪里呢？

加入战略加速器网络组织中还有一个好处，就是人们开始理解和分清，哪些是在一个快速前进、变化不定的世界中获得成功真正重要的；哪些只是过去遗留的低附加值的工作。他们可以利用这种认识来重新安排他们工作的优先序，放弃那些不重要而且很花时间的活动——为真正重要的事情释放带宽。

问题：我如何保证热情的志愿者不推卸他们的本职工作？

回答：一个运转良好的层级组织是不会允许他们推卸本职工作的。整个组织体系，包括上司、衡量标准、绩效评估以及责任划分都有助于阻止和纠正推卸行为。

同样，在一个运转良好的双元驱动组织中，兼顾两边工作的人们会理解，层级组织是不接受推卸工作的，如果必须暂时放下网络组织的兼职工作以应对当前层级组织的工作压力，也是可以的。快速、敏捷的网络组织的一个好处是，当有人退出时，其他人会迅速补上空缺。并不需要花时间去张贴招聘启事，面试候选人，选择一位合适的人，谈判薪资，等等。在这方面，双元驱动组织中的网络组织更像一个消防队，整顿好队伍，从井里打水传过去灭火，而有别于一般公司或政府单位换人的情况。一个人离开后，这个由志愿者组成的网络组织会迅速调整。

问题：我如何保证志愿者把注意力放在具有战略重要性的问题上，

而不是不那么重要的小项目上？

回答：在建立双元驱动组织时，整个过程是围绕一个合理、与企业现有战略相一致、令人感到兴奋的机会来进行的。如果重大机会陈述制作得恰当，它本身就可以为网络组织的工作提供指导，避免很多不重要的小项目。

而且，因为网络组织的工作没有等级之别，如果有人试图启动一个在战略上毫无重要性的项目，会有人出来反对的（他们不担心自己发言会引起上司的不好反应，因为这里没有上司）。

同时，在有效的双元驱动组织中，网络组织的变革愿景和战略措施都是与重大机会陈述保持一致的，并最终得到了领导团队和高管团队的一致同意。这又提高了保险系数。

问题：你如何把两个系统整合起来？更重要的是，如何保持它们的行动协调一致？

回答：教育会起作用。培训他们我们迄今所知道的关于双元驱动组织的知识，以及公司高管团队和项目领导团队扮演的角色。同时，网络组织中的成员在层级组织中有自己的工作，这也会有帮助。此外，持续的、积极的沟通是关键——领导团队与高管团队之间的沟通，以及志愿者回到本职工作中与其他员工的沟通。

在协调方面，我们发现最重要的一个经验是，在你启动一个新的活动之前，确认你打算做的工作没有与层级组织的工作重复。

一个挑战性的问题是，当发现层级组织已经在做同样的项目时，相关人员没有看到问题，或者认为这不是问题而不予解决。这种情况可能出现在各个场合：一个检验公司绩效评估系统和奖金系统的项目；推出新产品的发布会；评估工厂中使用的下一代重型机器。在一个运转良好的双元驱动组织中，网络组织中的人明白，向层级组织的人指出他们的方法有问题，只会导致冲突，浪费时间，带来压力。这里又是纠正流程发挥作用的地方。网络组织会把这个问题看作所需变革的又一个障碍，这是所有组织生活正常的组成部分。而加速器流程会激发和指导网络组织的创意、热情和活力，帮他们找到克服障碍的实用办法。

问题：是否所有的战略变革项目，都应该由网络组织来实施？

回答：不是。这里有一个总的原则。所有的流程和活动，如果不需要变革，或者所做的是我们知道怎么做的事，就由层级组织来实施。所以任何战略性变革，如果不那么模糊，大家很清楚应该去往哪里（从 A 到 B），而且距离不远，大家没有强力的抵制，创新不是个重要问题，而且大家知道如何在这个机会所给予的时间期限之内达到目标，这种变革就归于层级组织负责。他们将会调动战略规划部门、项目管理部门、传统的任务小组、变革管理部门等来处理这些事情。

但是，如果项目利害关系很大，涉及大量的变革，速度很重要，存在很多模糊性，需要创新和敏捷性，那就由网络组织负责。在这个快速变化的世界，这种项目会越来越多。

思考这个问题的另一个方式是：任何战略性活动、创新性活动或与变革相关的活动，如果我们知道能在时间期限内以可以接受的成本有效完成，就归于层级组织。所以，如果有一个考察员工福利体系的项目，每四年进行一次，如果关于福利体系的抱怨不多，也没有因为新的制度带来额外的问题或机会，这个项目就应该归于层级组织。

总体而言，如果一件事情层级组织能做，但要求速度更快、成本更低或创意更好，那用网络组织来帮忙就比较好。例如，如果因为新的制度安排，一个项目的完成时间突然由 6 个月减少为 3 个月，这时候网络组织就最好参与进来，帮助层级组织加速这项活动。

如果，一项工作层级组织根本做不了，甚至根本看不到这项工作有必要做，更无法在机会消失或预算取消之前完成这件事情，这个项目就应该归于网络组织。

问题：网络组织需要怎样的预算？谁来提出预算？

回答：网络组织本身没有预算。所有的财务资源都控制在层级组织中，因为层级组织中的董事会最终要对财务结果负责。在需要的时候寻找资源，并说服层级组织的人为具体的项目分配资源，是网络组织所有志愿者的工作。如果网络组织无法从层级组织中获得任何资源，尽管经历充沛的志愿者解释了一遍又一遍，领导团队已经很有创意地处理了找谁、怎么找、什么时候找的问题，还是没用，那说明他们提出的通常是一个差劲的想法，一个有缺陷的解决方案，或者这个解决方案所针对的问题或机会根本不存在。因此，为了组织的整体利益，这个想法不值得被采纳。

实际上，这种锻炼是好的，因为网络组织从来都是注重说服和领导的组织，而不是强调按我说的做，强调管理的组织。网络组织不掌握预算而必须依赖于层级组织，也是一种保持两个系统相互联系、相互合作的方式。

问题：当人们在从事网络组织的工作时，你如何保证他们不回到层级组织的惯性上，用他们熟悉的方式做事？

回答：我们把这叫作“错误的做法”。

具体而言，这种问题的发生通常是人们在压力之下，回到他们所熟悉的轨道，即层级组织的流程、原则、方法和技术。而且他们可能一不小心就回到熟悉的轨道上了。

所以，我们有时会看到，领导者不是依靠志愿者帮助组织建立围绕重大战略机会的紧迫感，而是突然回到任命某人来做这项工作的轨道。或者不是让热情的志愿者来从事战略性项目，而是突然开始任命别人（通常是那些“具备相应技能”的）。网络组织不是聚焦于他们最有热情、最关心的事情，而是突然聚焦于他们认为应该聚焦的事情。不是让领导团队作为网络组织的核心自行进行组织，而是开始把网络组织变成层级组织。还有，开始对项目团队进行项目管理；或者开始把宣传推广的活动交给专门负责的机构，即宣传部门。领导者想的不再是唤起很多的变革推动者，而是让参与的人越来越少。网络组织退化成了一个只产生想法的组织（或者最多是“跳出固有方式思考”的人），而不再是一个产生想法，并且实施想法的组织（“跳出固有方式工作”的人）。小小的胜利本来对于帮助网络组织获得自信，建立信誉和不断成长至关重要，现在却被忽视，除非它们符合层级组织的衡量标准。所有这些都可能瞬间发生，甚至在一场会议中突然发生。

对这个问题最好的解决方法是保持警觉。让每个人——每个志愿者都参与进来，监视错误的发生。高管们也来找错误。当人们看到问题，他们会提出警告，并帮忙让行动回到正确的方向上。

问题：在创建双元驱动组织的过程中，最大的挑战是什么？

回答：按正确的方式启动。正确的方式，就是我在前两章中谈到的。

第 9 章

战略的未来

ACCELERATE

BUILDING STRATEGIC AGILITY FOR FASTER-MOVING WORLD

预测未来是一件冒险的事情。但是，如果你拥有足够多的数据，你就能看见其中的一些趋势指向某个清晰的方向。

9.1 指数级变化

再次想一想第 1 章开头的图表。这些数据不仅显示了很多领域在发生越来越多的变化，也显示变化的数量呈指数级增长。更多的变化会更快地降临到我们身上。有些人可能逻辑严谨地争论说，这个趋势线很快到了某一个点之后会趋于平缓或者开始下滑。但是，如果有人说，这种趋于平缓和下滑的趋势会持续很长时间，这些数字才再次往上冲，则是错误的。

事实上，看着这些数据和现实中的证据，我们几乎都会得出这样的结论，即我们的世界将会持续加速，而且很可能加速度会越来越大。如果这是真的，那么就很难相信 20 世纪的组织形式，在一个变化如此之快、如此不可预测的世界中还能取得成功，尽管这种组织形式本身是一个令人惊叹的精密机器。如果我们的组织不进行转型，后果会非常严重——影响企业、政府、经济、社会，并最终影响这个星球上的几十亿人。

换个角度说，如果我们能成功地实施一种新的组织运营模式，这种模式不仅能应对这种新的外部环境，而且能够利用外部环境带来的机会，那么它所带来的可能性将超乎想象，无论是在提供更好的产品和服务，还是在增加财富、创造更多的就业机会方面，都是如此。这个变化越来越快的世界确实有可能带来严重的负面影响，但也可能带来很大的积极影响。

9.2 战略的演变

本书所描述的双元驱动组织及其所应对的外部环境蕴含着一个重要的道理，即我们需要一个全新的“战略”观。

“战略”这个词被人们广泛使用，指的是帮助你成功实现最重要的目标，或在竞争中取胜的高层次规划。作为一个与组织相关的现代概念，战略是一个相对较新的概念。我最早开始教书时，哈佛商学院都还没开始用这个词，更不用说在MBA的必修课上使用。企业高管不会谈“战略规划”或者“战略思维”。当然，所有成熟的组织都有自己的战略，通常是在公司还很年轻的时候制定的。但这些战略都是隐性的。人们把它们当作给定的先决条件，即它们是塑造和限制企业年度运营计划的背景框架。

在1965～1975年之间，随着市场竞争性质发生变化，一切都变了。

对企业而言，这种变化很大程度上是日本引起的。当时日本在汽车和电子消费品方面的出口打破了发达国家，特别是美国市场的相对平衡。当时，企业已经拥有强大的计算分析能力，它们可以收集和分析关于成本和市场份额的数据，历史上第一次，它们得以更清楚地洞察它们实际的竞争形势、竞争优势以及弱点。

国家之间的经济竞争也开始发生变化，主要是因为OPEC组织。突然之间，一些石油出口国家相对于其他国家，开始具备了重要的竞争优势。

与此同时，学术界对于竞争的思考也开始发生变化。20世纪60年代，企业史学家阿尔弗雷德·钱德勒（Alfred Chandler）正在麻省理工学院斯隆管理学院教书，他写了一本很有影响力的书，叫作《战略与结构》（*Strategy and Structure*）。布鲁斯·亨德森（Bruce Henderson）在波士顿咨询公司开创了最早的现代战略咨询方法。20世纪70年代，迈克尔·波特在哈佛大学开设了一门课程，叫作“竞争战略”，随后以此为标题出了一本书。

20 世纪 80 年代，部分由于波特和亨德森以及他们的追随者的指导，越来越多的企业开始设立“战略规划部”。各个企业跟踪战略有效性的方式各不相同。但是在某些企业，这种全新的管理方式非常成功。杰克·韦尔奇在 GE 的战略之道是：GE 只参与它能做到数一数二的市场，帮助这家公司实现了转型，并为公司创造了辉煌的业绩。其他企业领导者注意到了这一点，开始寻找好的战略思想，并制定他们自己的战略。

战略咨询行业，从零开始，发展成了年收入达几百亿美元的行业。布鲁斯·亨德森及其思想的继承者比尔·贝恩（Bill Bain），建立起了成功的全球咨询公司，而这种咨询公司在 20 世纪 60 年代根本不存在。麦肯锡这家极富声望的管理咨询公司，起步稍晚，但也变得越来越强大。20 世纪 50 年代，麦肯锡公司的员工可能还不到 100 人，今天它的员工有几万人。

相比 20 世纪 70 年代，一家典型的公司的战略规划已经成熟了很多。今天，很难找出一家不谈战略的企业。非营利组织、政府机构甚至大学也开始越来越多地使用这个词。

今天，人们认为战略包含两个基本元素：制定战略和实施战略。制定战略被当作是最为重要的。其流程是线性的：制定战略，然后实施战略。通常企业会每年制定一次战略规划，作为它们运营规划的一部分。关于制定和实施战略的“最佳实践”，我在第4章作了简要描述，还会在附录A中详细阐述。这些方法的运用，离不开管理驱动的层级组织。制定战略决策，并指导战略实施的人，通常是层级组织的高层领导。

随着商业环境发展越来越快，以及更多的公司开始建立双元驱动组织，很难相信这种战略规划模式不会被迫发生重大改变。战略不会仅以一年为周期来运营，因为机会和风险的周期并不是一年。战略制定和实施的边界开始变得模糊，因为在实施过程中会发现新的信息，需要在这些新的信息的基础上迅速制定新的战略。

这种情况已经发生。今天，战略在很多组织被看作是动态力量，不再是受战略规划部门指导，并以一年为规划周期。战略是这样一种力量：它不断寻找机会，识别把握机会需要采取的行动，并快速有效地完成这些行动。我把这股力量看作寻找、行动、学习、调整的持续过程。在成熟的组织，这种力量在本书所描述的双元驱动组织中最为常见。加速器流程推动网络组织承担起持续的、整体的、创新的战略变革职能，由于这种变革永不停止，它会提高企业的速度和敏捷性。这为企业带来了一种战略适应性，即企业越是练习其战略技能，企业就越善于应对高度竞争的外部环境，这些技能就越成为企业DNA或文化的一部分。

数据分析依然是重要的，但是，在一个快速变化、动荡不停的世界，数字信息会变得更加流动、更加模糊。战略需要很多人的眼睛、耳朵和心灵的关注，而不只是有限的几位高管的参与。这正是双元驱动组织可以实现的。

我想，如果一个人一直在成熟的组织工作，恐怕很难想象我们在思考和战略处理上发生的这种巨大变化。而对于成功的创业企业和年轻人来说，就容易理解一些。

9.3 双元驱动组织与你

对于这种新的双元驱动组织形式，以及新的战略如何发挥作用，我们还有很多细节需要研究。但是一些先行者——如本书提到的一些——已经证实了，这些方法在真实的世界确实有用。双元驱动组织可以以完全不同于今天习惯的方法来制定和实施战略，正帮助人们取得成功。

面对着眼前的种种挑战，我们很容易对我们生活和工作的时代，以及我们的未来下一个悲观的结论。但我在这里不会提出这种论断。我对未来更加乐观。我知道有一些非常能干、非常聪明的人可能不同意我的看法。但是写到这里，我对自己的判断没有丝毫犹豫。

所以，让我们继续努力建立双元驱动组织吧！

附录 A

你的“最佳实践”能拯救你吗

ACCELERATE

BUILDING STRATEGIC AGILITY FOR FASTER-MOVING WORLD

一个测评

在第 4 章，我解释了很多组织为了应对变化迅猛、动荡不安的世界，如何使用三种“最佳实践”方法来提升缺乏速度和敏捷性基因的组织能力。这里的问题在于：这些方法中有哪些是你可以使用的？这些方法在多大程度上能够适用于今天和未来的环境？本章试图给出一个合理的测评。

方法一：在运营规划和实施中，加入战略性活动

在这种方法中，公司会将战略规划与年度运营规划流程密切联系，以期及早发现战略挑战，更快速地采取战略措施。然后所有的战略措施还是通过层级组织，按照执行季度计划的方式来实施。

职能部门、区域公司或产品部门会进行额外的数据收集和分

析。它们甚至可能为新的战略措施撰写商业报告，以解释和论证公司应该投入资金支持这项工作。然后这份报告会递交给高管团队，高管团队会在年度规划流程中审察这份报告，并决定批准或不批准战略选择、战略措施和资金申请。

如果得到批准，这些新的战略活动以及相应的预算就会通过层级组织，以惯常执行运营计划和相应预算的方式去实施。所以市场营销部门、欧洲分公司或者消费者及产品部门只是扩展其规划的内容，不仅包括原有的常规运营活动，而且包括新的战略规划活动。新的规划将会在月度预算、常规管理会议的日程等方面体现出来。同时，考核指标中会加入新的指标，以跟踪规划中的战略部分，但这也只是常规考核体系的一个扩展，而不是根本的转型。此外，传统薪酬体系会增加新的激励措施，以匹配为规划中的战略部分设计的指标。但整个薪酬体系不会发生任何根本性的变化。实际上，除了将所管理对象的时间框架拉长，一切都没有变化。这个季度甚至这一年可能没有经济上的回报，甚至收入下滑，因为新的战略措施消耗了资金，减少了季度汇报的利润。

这导致的结果就是：在某些情况下，这种方法是合适的。战略措施需要投入资金，而这些投入不会立刻有回报。如果外部的变化、模糊性和竞争压力没有那么大，这些新的战略及战略措施就没有那么大手笔，或者不会与以往的战略措施有太大的不同，因而企业现有的运营方式足以应对。对于涉及范围较小的战略措施，人们对这些变革的抵制会少很多，方法一也足以应对。如果出现任何问题，一个强有力的CEO可以施加更多的压力来推动企业实施计划中的战略部分和运营部分。有时，就因为高层的这种承诺和压力，这个方法就能成功。

基本上，层级组织和管理体系会迫使变革发生，而当变革规模不那么大时，这种方法是奏效的。有时，组织和宣传部门的一把手可能需要使用常规的沟通渠道和方法，在层级组织中自上而下地传播某个信息，以获得大家的支持，减少抵制。他们常规使用的是运营性的语言。这种方法并不需要做出什么实质性的变革，只是把规划和实施的时间框架拉长而已。

但是，这种方法越来越不能保证成功。管理驱动的层级组织是为效率、可靠性和稳定性而发明的。有了合理的组织结构和胜任的人员，它就可以奇迹般地以最少的成本、预期的质量完成工作，并且日复一日，月复一月，年复一年地这样做下去。是的，可以在它的流程中加入战略性活动，这可能略微变革其所完成工作的性质。但是一段时间以后，你会遇到四方面的问题。

第一，管理驱动的层级组织是高度聚焦于现在。这是30年来人们对它的诟病之一。它对短期的目标有极大的偏好，包括天、周和季度。你可以在它的规划和控制流程中加入时间期限较长的变革项目，但是一旦这个组织系统面临短期压力，他们瞬间就会让这些项目陷入短期设计中。

这是我们亲眼见过的事情。高管会议可能用30分钟讨论运营问题，30分钟讨论战略问题。但是当问题出现时——总会有问题出现的，特别是在这个变化更快、更难预测的世界，哪一方会在会议中获胜？在过去几十年，管理者一直不停地发表意见，认为应该把“30-30”时间安排变成“55-5”。但是对层级组织的这种批评常常忽视的一点是，这个问题根植于这个组织系统。这对目光短浅、缺乏战略能力的管理者一点办法也没有。

第二，一个设计良好的组织结构中有各种部门（被我们嘲讽地称为“竖井”（silos）），是为了让精力和专长更加聚焦，以便让工作成本更低，更可靠，更可信赖。其目的是通过关键的沟通联系各个部门，以实现沟通成本和时间的最小化。但是，当你开始增加一些战略性变革项目，试图以不同的工作方式应对新的需求，其所需要的变革往往不限于一个部门或一个子部门。组织内部充满了相互依赖的关系，比如当新产品开发出来，需要一个推出新产品的流程时，就会需要销售和市场部门都做出变革。所以，不可避免地需要进行更多跨部门的沟通。而在一个层级组织中，如果变革的数量超过了一个水平，沟通就无法有效地进行。

而且，新的工作安排可能需要资源从一个部门或子部门转移到其他部门。大部分人都不愿意放弃自己的资源和晋升机会。所以，人们会对此进行抵制，而抵制会阻碍行动的速度，并导致成本的增加。

第三，所有的层级组织都有多个层级，这同样是为了保证效率和可靠性。基层从事非常狭窄、专门化的人员会变得非常擅长自己的工作，丝毫不出差错，也不要很高的工资。在一个变化不大的世界，高管能够掌握足够的信息来制定好的战略决策，而基层的人则掌握足够的信息来实施这些决策。但是当世界变化的速度和不确定性增加，二者都不再能够掌握所需的全部信息，所以必须让更多的信息更频繁地在层级组织中上下流动。而这些信息必须是有效的。这种情况很难发生。信息在不同层级之间流动很慢，而且有各种因素削弱信息的有效性。

第四，随着世界变化越来越快，越来越不可预测，制订战略规划时要对未来两年做出准确预测的可能性越来越小，更不用说未来五年或者更远了。所以这些难以执行的规划，现在已经不太合时宜了。但是因为战略规划以一年为周期，所以无法随着外部现实的变化对这些规划进行修改，也就是说，缺乏必要的速度和敏捷性。机会之窗打开又关上，你甚至来不及看到它们，更不用说把握它们。而在你的船加速驶离轨道之前，又受到了鱼雷的袭击。应对所有这些问题，甚至会影响你达到短期目标的能力。所以，战略规划不再是一套获取成功的公式。

在过去10年，我见过数十个企业出现这样的问题。不过大多数企业最终还是能够幸免于大的灾难，因为当人们看到他们的方法不起作用时，就开始寻找新的解决方案，采用我下面提到的两种方法。但是往往要付出很大的代价。一家消费品公司的市场地位从行业第二滑落到行业第三。一家军事承包商失去了一个大订单，销售增长趋于平缓。一家制造企业无法快速进行自我改造，以提升产量，在收入持续增长的情况下，利润却不断下滑。

方法二：在组织系统中增加新的组织部门（永久或临时）、人员或汇报关系

组织在快速变化的世界保持竞争力的第二个方法，是在层级组织中增加新的组织部门、人员和汇报关系，通常一次增加一个。

在这种方法中，你试图通过建立没有基本运营职责的组织部门来对付层级组织对短期成效的严重偏好。这些组织部门包括战略规划部门、战略咨询顾问、专门负责战略变革项目的项目管理办公室。你也增设了专门负责变革问题的机构：变革管理部。你为这些机构安排了新的专业人才：战略规划办公室或战略咨询顾问具备应对具有较大不确定性的环境的分析性能力。你还从不同部门抽调人员，成立了任务小组和工作团队以及老虎小组，试图

应对跨部门沟通与协调的问题。

这个解决方案有一定的作用，让组织的敏捷性和速度有所提高。但是一段时间之后，你也会遇到第一种方法所遇到的四方面问题：再次回到对短期收益的关注；跨部门沟通与协调的问题（现在变得更复杂，因为增加了新的机构和部门）；信息在层级组织中上下流动所受到的内部限制；在试图建立新战略时，需要面对太多的不确定性。

你还会面临另一个大问题：成本。所有新增的人员都需要投入更多的资金，这会导致企业难以（甚至不可能）达到资本市场所期望的短期目标。你可以慢慢摊销这些新员工带来的成本，但是这会让所有的事情慢下来。还有另一方面的成本考虑：新增的员工往往会导致新的需求。聪明人永远会找到新的理由，需要更多的预算。

高管可能慢慢发现，每一次组建任务小组、任命高管支持者或者其他新的角色，他们找的都是同一批人。优秀的人不管多魅力超凡、精力旺盛，都会被重重任务搞得筋疲力尽。这时候怎么办？从外部引进超级明星员工（而这需要时间和资金）？减少变革项目的数量（如果这些项目确实是有必要的，这样做会减慢你的速度，让你错失良机）？这看起来像一个恶性循环。

我经常遇到这样的事情。其结果大多也不是灾难性的，但会导致缓慢的业绩滑坡。你可能发现，高管们因为组织没有能力快速把握机会而感到沮丧，但他们尝试的解决方法又不太成功。借口总找得到。我们的行业管制越来越严了。目前的速度我们已经尽了全力了。那些过去很顺从的员工，现在老是不合作。这确实令人沮丧，但是恐怕无法避免。我们发展得太大了，以至于被官僚主义包围了。慢才是组织的本质。我们所遇到的阻力是人性使然……那你怎么办?

通常，层级组织的高层看不到员工行动缓慢，以及导致这些问题的原因，这会带来一种欺骗性，甚至危险的结果。新的项目管理办公室定期向高管汇报战略变革项目的进展，所有一切都显示任务得到了及时的完成。这些报告就这样持续下去，直到有一天什么事情爆发出来。一位重要的客户放弃了你而选择了竞争对手，因为竞争对手开发出了你的主要产品的下一代新品，你此前根本没有预见到这一点，你一直还在执行之前决定的新产品开发和销售战略。或者，所有的报告都显示情况良好，直到项目管理团队突然得到数据显示，一些此前未预见到的问题将导致项目严重的推迟。

方法三：通过并购加快增长速度

这种方法的理念是，不用花时间去开发新一代的产品或服务；或在快速增长的细分市场建立更高的客户忠诚度；或在这里、那里或任何地方进行创新；或建立敏捷性和速度，而是通过购买获得这一切。

在这种增长方式中，你通常会聘请企业兼并专家、战略顾问来帮助你。你为咨询建议付费，为收购投资。通常是进行一系列小型收购，然后对它们进行整合和发展。在某些特定的情况下，这种方法是有效的。被收购企业的人员必须至少不讨厌被对方收购。你的企业文化与被收购企业的文化必须差别不那么大。如果这些条件都具备，组织可以通过收购实现加速，并获得更大的成功，至少在一段时间之内。

但是，这种方法现在出现的问题越来越多。在一个快速变化、更加模糊的世界，收购专家和战略咨询顾问不一定能为收购挑选最佳的候选者。收购是成本高昂的。企业中那些负责制造或销售产品的人员，可能不愿意放弃他们已经熟悉的方式，而承担其他人新开发的产品。把被收购企业在高速增长的细分市场的客户忠诚度转移到收购企业，是非常复杂的（而处理这些复杂的问题需要时间）。而且，收购企业的层级组织，对这些花巨资购买来的企业，有很强的破坏能力。

几乎没有人知道这种收购的后续发展状况如何。那些失败了的人是不愿意把自己的经历公之于众的。企业并购领域有很多非常聪明的人，有很强的意愿想要让我们相信，他们的收购是成功的。总体而言，由中立的第三方或学术机构对并购所做的研究显示的结果，是让人失望的。收购谈判最终失败的原因很多：收购对象的反击；交易虽然成功，但是付出了过高的成本；交易虽然成功，但未能成功整合双方的文化，以支持新的企业战略的实现；或者新收购的企业为保持自治权猛烈反击，消耗了大量的精力，以至于耽误了短期目标的实现和对长期战略挑战的应对。

这里的根本问题与附录中谈到的其他变革方法是一样的：他们都是在一个单一组织系统、管理驱动的层级组织的框架之下工作。所有这些最佳实践都是在层级组织的基础上进行或大或小的修补。如果这些措施采取得好，它们都可以增加一定的敏捷性和速度。但是最终，你的组织依然是为效率、可靠性和一致性而设计的，而丝毫不是为创新、大胆的战略制定和实施，以及敏捷性和速度而设计的。收购、战略团队、跨部门的任务小组，以及聚焦于规划中的战略部分的指标，就像是挂在圣诞树上的小饰物、小灯或彩带（有时它们还花费不菲）。它们让树变得更漂亮。有些东西比其他东西更能增光添彩。但是最终，它仍然是一棵圣诞树，而不是一个可以在起居室里跑动起来的东西。

成功的组织还会尝试其他变革方法。有时，企业为了应对这种“装饰方法”导致的失败，会疯狂地做更多同样的事情——增加一个质量改善计划，建合资企业，并购——直到结果越来越事与愿违。企业变得越来越膨胀，越来越缺乏敏捷性。所有的事情进展反而更慢。随着变革的疲惫感开始四处蔓延，企业也元气大伤。装饰品消耗的成本使得季度利润化为乌有，并提高了预算。

所有这一切，你觉得熟悉吗？你的组织是否依赖于其中某一种或几种方法呢？如果是，而且这些方法现在看起来还是奏效的，它会奏效多久？你的“最佳实践”真的可以拯救你吗？

附录 B

你需要现在就采取行动吗

ACCELERATE

BUILDING STRATEGIC AGILITY FOR FASTER-MOVING WORLD

一个简单但非常重要的问题是：你需要现在就建立双元驱动组织吗？不是明年或未来某个时候，而是现在？

鉴于双元驱动组织涉及的利害关系很大，你需要问自己，你是否已经到了这一步，传统的方法已经不能保证你以足够新颖、敏捷和快速的方式建立和实施变革战略及战略性变革项目，以紧跟甚至超过竞争对手？

这个边界可能很模糊，但是你可以通过几个问题来对此进行非正式的评估。要非常精确地评估几乎是不可能的。但这不是最大的问题。真正的问题还是绕不开管理驱动的层级组织的性质，导致人们太少明确提出正确的问题。人们假定他们不需要严格的信息收集和分析，就能知道答案。人们太少花时间对这些问题进行认真的讨论。

外部相关变化的量级

这里最基本的问题是：周围的变化给你带来的哪些战略性挑战即将发生变化，或者已经发生了变化，或者正在更快速地变化，以至于会给你的企业带来严重的影响？这包括竞争对手的变化、技术、供应商、客户、政府要求、员工的人口特征、产品的生命周期等。

更具体地说：由于目前的市场形势，你是否需要让你的组织的整体能力水平提高一个层次，以保持利润的持续增长？

传统的竞争者是否正在做出大胆的举动，从而为你带来风险？来自印度或中国的新竞争者是否正悄无声息地夺走你的很大一部分业务？

从你的组织上一次经历重要的变革到现在是否已经过了很长一段时间，以至于你的组织现在所能做的与外部环境的要求之间已经有了很大的落差，所以你需要尽快加速？

是否有什么事情打开了新的机会之窗，使你的组织可能赢得新客户，增加市值，实现利润增长或提供革命性的产品？

这些都不是难解的问题，但是单一层级组织却从不给人足够的时间，对它们进行充分的反思。对层级组织中的大多数人而言，每周要处理太多的日常事情，包括人事的、销售的、采购的、财务的种种事情，充斥着整个管理日历。即便有时间探讨新的机会或威胁，管理流程过度的内部关注，以及把相关数据往上递交的内部困难，也会让这项任务变得极富挑战性。通常，层级组织中的不同部门会对这些问题给出不同的回答，导致高管团队莫衷一是。

利害关系与风险

如果处理不好你所面临的战略性挑战会带来怎样的风险？

如果市场份额已经下滑或正在下滑，这是否会导致第 3 章的案例中所描述的结果？你是否会从行业第一的位置下滑到行业第二？或从行业第五下滑到行业第六？是否可能不断衰落直至不复存在？

是否可能出现技术上的飞跃，导致灾难性的后果？

你是否可能成为行业里一个毫不起眼的角色，再也无缘获得丰厚的利润？

如果竞争对手推出你同类产品的下一代新品，比你的更好，或者比你更快地推出，这对你的战略和经济状况会有何影响？

积极的可能性何在？如果你的组织能够快速、敏捷地行动，重大机会会为你们带来什么？

所有的领导者都会花心思来思考这些问题。但是，如第 3 章中的案例所示，管理驱动的层级组织让人们低估了这些问题带来的利害关系，尤其在一个充满越来越多的战略挑战的世界。他们尚且如此，大部分人更是会极大地忽视这种利害关系。

所需要的内部变革的量级

由于外部的重大威胁或机会，有多少员工需要极大地改变他们的行为？

或者说，因为你致力于实施一个大胆的新战略，你的管理者和员工需要做出多少变革？

不经过认真、开放的反思，很容易对此做出不准确的判断。人们可能会说："要成功地实施这项战略措施，IT 部门的 70 人将需要做出很大改变。"你问："难道 IT 部门的改变不是意味着成千上万的秘书、职员、中层管理者会在他们的电脑上看到不同的软件，并且需要学习 Artfx、Duddo 或者 Praxis，而这并不是一项简单的任务？他们中的一些人不是需要放弃他们用了十几年的系统？有些人不是地处偏远吗？他们中有多少人认为对他们习以为常的方式的变革是必要的？"

或者有人会说："我们的创新项目意味着产品开发部门的 100 位员工将不得不变革他们开发新产品的方式。"你问："难道这不是意味着几乎整个销售队伍都需要变革他们对新产品的销售行为？难道它不是需要负责某条产品线的几百位销售人员建立新的行为模式和新的思维方式吗？”

这个问题与现代组织中复杂的相互依赖关系密切相关。A与B相关，B与C相关，C又会影响到A。把这种相互依赖的关系绘制成图，通常都看起来非常复杂，令人目眩。在一个稳定的世界，这些不会有太大的影响。如果B不发生变革，那它与C之间的联系也不会有影响。但是，你身处的世界又有多稳定？

如果不对这些问题进行严谨的思考，就很容易发现，人们认为只需要10%的人做出复杂、困难或重要的变革，其实却需要50%以上的人做出变革。如果需要变革的人数百分比只有一位数，或者是较低的两位数，如果所需的变革很清楚，而且所需的变革可以在未来3～5年逐渐完成，那么你面对的挑战可能是一个强大的层级组织可以应对的。但是，如果涉及的人多，所需的变革很模糊，而且变革的时间很有限，恐怕即使是强大的层级组织也无法应对这种挑战。

关于完善层级组织的最新经验

在过去一年，如果你曾安排他人加入任务小组，或成立团队应对重大的战略机会或威胁，他们表现如何？他们在这些工作中投入了多少时间？这些时间是否足够？

如果战略规划工作委托给了一家咨询公司，他们的人员访谈了你的管理者和员工，你公司的员工对此反响如何？有多少人觉得受到威胁，或者感到这是对时间和资金的巨大浪费？这些人访谈期间和之后表现如何？

如果你任命了高管担任变革项目团队的“负责人”或“支持者”，他们在这一角色上投入了多少时间？他们的同事是否因为他所带领的团队负责的变革项目以及他的行为，而感到不便或受威胁？

战略变革工作的实施，是否按照项目管理的框架在进行？这种方法对于处理来自那些不理解变革、没有看到变革的重要性、不同意进行变革或者感到受到变革的威胁的人的抵制，效果如何？

你的整个战略流程根据变化的条件进行调整的敏捷性如何？在创建新的变革项目上敏捷性如何？在快速执行方面，敏捷性如何？

要再找出10来个类似的问题也很容易。C级别高管在正式的项目回顾会议上得到的答案总是轻描淡写，直到严重的问题爆发出来，带来时间和成本方面的严重后果，才知道真相。

应对这些战略问题需要组织文化在多大程度上做出重要变革？

换一种方式来说：成功实施你的战略变革项目，是否需要你变革多年来一直使用的运营方式？是否需要你变革一些根深蒂固的个人习惯或群体行为规范？

你的战略执行方法一直是如何应对这一问题的？你通过什么样的跟踪方式，保证在一定时间期限之内，有效地完成重要的文化变革？

持续进行中的战略变革

如果你正在使用传统的方法（任务小组、老虎团队、战略咨询顾问等）推动变革，它们是否取得了预期的成功？

就短期业绩压力而言，这种方法的成本是否可接受？

在可预见的未来持续使用这些方法可行吗？

如果你的回答是，这些方法是令人满意的，请考虑以下警示。在应对具体的战略挑战时，传统的组织系统可以在一段时间之内创造看起来足够大的进步。第3章案例中的情况正是如此。或者变革项目的实施似乎是奏效的，但是当你宣告大功告成时，人们的行为又会回到原来的状态。

根据我的发现，这个问题可能比你认为的还要普遍，而且显然非常危险。其后果远远超出了一次战略失败。由于这次失败占用了人们的时间，打扰了他们其他的工作并带来了额外的工作压力，人们会对未来的战略变革更加持怀疑和抵制态度。

如果所有这些问题能够得到清晰、确定的回答，那很好。但是这是不可能的。人们永远需要自己判断。这正是领导力发挥作用的地方。但不管怎样，这些问题可以作为一个有用的探讨。

我很多次见到，一位领导者或者一群高管探讨这些问题，都说一个战略变革项目的量级与他们之前多次成功处理的项目看起来并无二致，事实上却完全不同。很多时候，这个判断都是他们当年最重要的决定，结果影响深远。

我也见过很多人，他们发现，即便是知道需要采用新模式推动变革，他们也还是不清楚他们是否已经到了跨越边界的时候。这就产生了一个明显的问题：你是想仍然生活在过去那个慢速、稳定的世界，还是跨越这个边界采用变革加速器引领新世界呢？

关于作者

约翰 P. 科特是哈佛大学教授、《纽约时报》畅销作者，荣获无数商业与管理思想荣誉，同时也是创业家，激励人心的演讲者。

科特教授自1972年开始任教于哈佛商学院。1980年，他在33岁的时候，被授予终身教职，是哈佛商学院有史以来获此殊荣的最年轻的一位。在过去30年，他发表在《哈佛商业评论》上的文章销售了数百万份。最近，他在《哈佛商业评论》上发表的、标题为《变革加速器》的文章获得了2012年度麦肯锡商业/管理领域世界最实用与最具突破性思想奖。

科特教授至今为止撰写了19本书，其中12本都是畅销书籍。他最受欢迎的书是2006年出版的《冰山在融化》。这本《纽约时报》畅销书向广大读者介绍了科特国际公司的“变革八步骤”哲学。其他深受欢迎的书籍还包括《紧迫感》《变革之心》

《领导变革》等。其中《领导变革》在2011年被《时代》杂志选入25本最具影响力的商业管理书籍。

科特教授还公开了多个他的讲课视频，其中大部分都可以在YouTube上找到。他的视频《在不断变化的世界获得成功》赢得了《培训媒体评论》年度最佳视频培训产品，并获得了Telly奖。

科特教授参与创办了科特国际公司，一家以他广受赞誉的思想为基础、发展迅速的战略咨询公司。在过去几十年里，他为这家公司投入了大量精力。

科特教授是两个孩子的父亲，他为此深感自豪。他和妻子南希·迪尔曼一起住在马萨诸塞州的剑桥市。

关于约翰 P. 科特的工作以及科特国际公司的更多信息，请见 www.kotterinternational.com.

领导变革之父约翰 P. 科特
经典之作

约翰 P. 科特

领导变革之父，全球一致公认的领导和变革权威，哈佛大学教授

20世纪对世界经济发展最具影响力的50位大师之一，《纽约时报》畅销作者

科特教授自1972年开始任教于哈佛商学院。1980年，他在33岁的时候，被授予哈佛终身教职，是有史以来在哈佛商学院获此殊荣的最年轻的一位,因撰写最佳《哈佛商业评论》文章而两次获麦肯锡奖。科特还是一名实践者，曾任雅芳、花旗、可口可乐、通用电气、美林、雀巢、飞利浦、普华永道等国际知名公司的顾问。

《认同：赢取支持的艺术》

怎样让你的好主意赢得支持并达到预期效果？赢取认同的关键，不在回击反对者，而是保持尊重并坚持己见，争取更多中立的人。

《变革之心》

以变革的8个步骤为主线，精选34个案例，向人们展示了成功变革的模式。

《领导变革》

被《时代》杂志评选为最具影响力的25本管理图书之一。

《权力与影响力》

应当如何运用自己的现有权力与影响力来得到别人的帮助以顺利地完成工作。本书充满了创新性的思想和专家建议，对组织运作进行了精辟分析。

《变革加速器》

帮助企业建立“双元驱动体系”，即把企业原来层级体系和更灵活的网络结构结合起来，构建灵活的战略以适应快速变化的世界。荣获麦肯锡商业/管理领域世界最实用与最具突破性思想奖。

《总经理》

专门研究总经理这一特殊职位的专门著作，对于指导人们担当总经理这一职位，取得事业的成功，以及甄选、培养、安置这方面的人才，都具有实践和学术的价值。